# PETITS TRAITÉS

### PUBLIÉS PAR

# L'ACADÉMIE DES SCIENCES

## MORALES ET POLITIQUES. 12.

---

## DOUZIÈME LIVRAISON.

# PETITS TRAITES

PUBLIÉS PAR

# L'ACADÉMIE DES SCIENCES

## MORALES ET POLITIQUES.

———

# DES CLASSES OUVRIÈRES

## EN FRANCE,

## PENDANT L'ANNÉE 1848.

### PAR M. BLANQUI,

DE LA SECTION D'ÉCONOMIE POLITIQUE ET DE STATISTIQUE.

## PREMIÈRE PARTIE.

Paris

PAGNERRE, LIBRAIRE, ‖ PAULIN ET Cᵉˢ,
RUE DE SEINE, 14. ‖ RUE DE RICHELIEU, 60.

FIRMIN DIDOT FRÈRES, LIBRAIRES,
IMPRIMEURS DE L'INSTITUT,
RUE JACOB, 56.

———

1849.

# DES

# CLASSES OUVRIÈRES

## EN FRANCE,

### PENDANT L'ANNÉE 1848.

*Rapport sur la situation des classes ouvrières
en 1848, par M. Blanqui.*

En présence des conséquences formidables du
mouvement révolutionnaire qui s'est opéré au
commencement de cette année, le chef du pouvoir exécutif a demandé à l'Académie des sciences morales et politiques son concours en faveur
du rétablissement de l'ordre moral, profondément troublé dans notre pays. L'Académie a
répondu à cet appel par des publications déjà
appréciées de l'Europe entière, et elle a chargé
l'un de ses membres de parcourir les principales
régions manufacturières de la France, pour y

1.

constater la situation exacte des classes ouvrières. Je viens vous apporter aujourd'hui les résultats de cette longue et sérieuse exploration,
qui embrasse nos principaux foyers d'industrie
au nord et au midi ; et je crois me conformer
fidèlement à l'esprit du programme que vous
avez tracé, en vous exposant sur toutes choses
la vérité sans réticence, et sans préoccupation
économique ou politique.

Jamais, en effet, la vérité n'eut plus besoin
d'être connue et proclamée dans les questions
sociales. Il s'est répandu depuis quelque temps
sur ces hautes questions des illusions si étranges,
qu'il faut beaucoup de courage pour les dissi-
per, et pour remettre en honneur les vérités les
plus élémentaires. C'est par la seule évidence
des faits qu'on peut espérer de convaincre désormais la foule des hommes aveuglés par l'esprit de secte ou par l'esprit de parti, et jetés hors
des voies de la raison par cette fascination irrésistible qu'exercent toujours sur les masses les
grands bouleversements politiques. Comment
empêcher les populations de croire qu'on peut
changer du jour au lendemain les lois éternelles
qui régissent l'ordre social, quand il suffit d'une

poignée d'hommes déterminés pour renverser une constitution en quelques heures? Ces terribles coups de main, quand ils réussissent, exaltent l'orgueil naturel de l'homme au lieu de le confondre, et il se croit tout permis à condition de tout oser.

C'est au trouble jeté dans les esprits par ces grandes commotions qu'il faut attribuer le désarroi des opinions et des doctrines sociales au temps où nous vivons. Pour comble de malheur, au lieu de se borner à un petit nombre d'hommes voués par état aux études ou aux contemplations économiques, le désordre a gagné les classes laborieuses, et leur a fait croire qu'il existait des spécifiques pour toutes les maladies inhérentes aux sociétés humaines. Ces maladies elles-mêmes, nées des développements rapides et déréglés de la croissance manufacturière dans les pays les plus avancés de l'Europe, ont été présentées comme l'œuvre systématique des grands entrepreneurs d'industrie, qui n'en souffrent pas moins que leurs ouvriers. Personne, sans doute, n'a osé encore se mettre en révolte ouverte contre la Providence; mais il s'est trouvé des écrivains passionnés qui ont exagéré la peinture de nos infirmités sociales, et qui en ont rejeté toute la responsabilité sur les institutions politiques. C'est ainsi que nous avons vu, depuis quelques années, les gouvernements les plus solides en apparence, mis en coupe réglée et renversés à des époques périodiques, sans qu'on ait fait disparaître un seul des maux que leur chute devait expier ou réparer. Loin de là, la plupart de ces maux se sont aggravés avec une intensité nouvelle, et ils semblent menacer de ruine la société tout entière.

C'est que leurs causes générales et essentielles n'appartiennent pas exclusivement, selon l'erreur commune, à l'ordre politique. L'expérience a prouvé en tout pays qu'il ne suffisait pas de renverser des gouvernements pour détruire des abus, et que la richesse publique obéissait à des lois tout à fait indépendantes de la constitution politique des États. La politique n'exerce qu'une action secondaire sur la marche naturelle de la production, soumise à des lois providentielles dont les sociétés ne s'affranchissent jamais impunément.

Par quelle fatalité donc notre pays, si favorisé du ciel entre tous les autres, est-il devenu

dans ces derniers temps, le foyer de tant de
théories subversives qui menacent de nous re-
plonger dans les ténèbres de la barbarie ? Comment la contrée la plus heureuse de l'Europe
a-t-elle pu se méconnaître et se calomnier au
point de tenter sur elle-même les expériences
hasardeuses qu'elle a été un moment obligée de
subir, et que des novateurs implacables poursuivent avec acharnement ? Pourquoi enfin en-
tendons-nous répéter de toutes parts que la révolution politique dont le terrible contre-coup
agite encore l'Europe, n'est que le prélude d'une
révolution plus profonde, destinée à ébranler la
société jusque dans ses fondements ? Nos pères
n'auraient-ils rien conquis pour nous depuis
1789 ? Nos savants n'ont-ils rien découvert, nos
ingénieurs rien appliqué, nos ouvriers rien gagné en talent, en aisance, en dignité, depuis le
commencement de ce siècle ?

Le moment est venu de réduire à leur juste
valeur les fausses idées qui se sont répandues
dans notre pays sur la condition des classes ouvrières ; idées qui sont exploitées aujourd'hui au
détriment de l'ordre social lui-même, sous pré-
texte de le refaire à neuf, après Dieu. Il faut

prouver, par l'exposé sincère et saisissant du véritable état des choses, que s'il existe en France des misères réelles, ces misères sont inséparables de la faiblesse humaine, et partout adoucies par le progrès des mœurs et des institutions. On en parlait bien moins alors qu'il en existait davantage, et, avec elles, beaucoup moins de ressources pour y porter remède. On vivait au sein du malheur comme dans une atmosphère naturelle, et la philanthropie n'affectait pas les formes de langage menaçantes et incendiaires qui distinguent les novateurs de notre temps. Aussi, avant de soumettre au jugement du pays et de l'Académie les faits les plus caractéristiques de la situation actuelle des classes ouvrières en France, il convient d'exposer rapidement comment ces classes sont devenues, par une espèce de privilége, l'objet spécial des sympathies de nos économistes et de nos hommes d'État, quoiqu'elles ne représentent qu'une faible portion de la grande famille des travailleurs. Ce serait commettre une grave erreur que de confondre dans le même examen ce qui est relatif aux ouvriers des villes et à ceux des campagnes, aux ouvriers enrégimentés des grandes usines et aux artisans des corps de métiers.

La misère pèse d'un poids très-inégal sur ces membres divers de la famille industrielle. Il existe une différence énorme entre le paysan qui travaille libre au grand air, et maître de la cabane qui l'a vu naître, et l'ouvrier de manufacture attelé aux rouages de sa mécanique, locataire souvent insolvable d'un réduit chétif et malsain. Il ne faut pas confondre non plus ces habiles travailleurs du Jura et de la Picardie, cultivateurs pendant l'été, horlogers ou serruriers pendant l'hiver, avec les habitants étiolés des caves de Lille, entassés pêle-mêle dans des habitations immondes, dont la vue seule fait horreur. Au sein même de la capitale, les ouvriers intelligents et sédentaires de la rue Saint-Martin n'ont rien de commun avec les chiffonniers nomades de la rue Mouffetard et du faubourg Saint-Jacques. L'observateur exercé à l'étude de ces graves questions n'ignore pas que dans une filature de coton on compte, pour le même nombre d'heures de travail, des salaires très-différents. On voit des éplucheuses et des cardeuses condamnées à vivre au milieu d'épais nuages de poussière, pendant que les fileurs et les rattacheurs respirent librement dans de vastes ateliers bien éclairés, bien aérés. Dans les usines consacrées à l'industrie des toiles peintes, certains ouvriers travaillent sans cesse les pieds dans l'eau courante, tandis que d'autres, enfermés dans des étuves suffocantes, ne cessent jamais d'être inondés de sueur.

Que dire des différences bien plus tranchées qui existent dans la condition des ouvriers du Nord et de ceux du Midi, de l'influence exercée par le climat sur le bien-être, de celle qui résulte de la supériorité de l'instruction et de mille causes agissant en sens divers, et qui permettent rarement d'assimiler la position d'un ouvrier à celle d'un autre? L'infinie variété des aptitudes, des métiers, des tempéraments, produit une égale variété de situations, de profits, de salaires. Il suffit d'entrer dans une usine pour y trouver une foule de catégories d'ouvriers, dont la nomenclature défie la mémoire la plus exercée. La fabrication d'une aiguille exige plus de dix opérations délicates, et celle du fil à coudre en exige le double. Il n'y a pas une locomotive, un banc à broches, un métier de tissage, qui n'ait mis à contribution l'habileté de cent personnes.

L'observateur attentif des procédés de l'industrie rencontre bien d'autres sujets de méditation quand il pénètre dans le sein des ateliers, et qu'il y étudie les conditions si diverses de la fabrication des tissus de soie, de fil, de laine et de coton, les travaux de la métallurgie, les constructions navales, les arts chimiques, et ce vaste domaine des industries spéciales qui constitue une encyclopédie immense. L'existence de toutes ces manufactures est exposée à des vicissitudes incalculables, et parfois au-dessus de toutes les précautions de la prudence humaine. Une bonne partie de nos soies viennent de l'Italie, et le principal débouché de nos soieries est en Amérique. Nous sommes tributaires des États-Unis, du Brésil, de l'Égypte, pour nos manufactures de coton, qui s'arrêteraient frappées de mort, si ces contrées lointaines cessaient de nous fournir leurs matières premières. Nous tirons une masse considérable de chanvres de la Russie, et nos plus belles laines viennent de l'Allemagne. L'existence de nos fabriques est sans cesse à la merci d'un droit d'entrée ou

2

de sortie. Nous ne pouvons pas faire de bons aciers sans avoir du fer de Suède. Notre navigation à la vapeur ne peut pas se passer des houilles anglaises. De quelque côté qu'ou porte ses regards, on reconnaît que les peuples les plus avancés en civilisation et en richesse sont dans une dépendance plus étroite que les autres de leurs voisins et de tous les marchés du monde. C'est en vain qu'ils s'efforcent de secouer ce joug salutaire et de rêver une indépendance impossible : leur grandeur même les condamne à une solidarité fatale avec les autres peuples, et ils ne sauraient s'y soustraire qu'en perdant leur rang parmi eux.

On devine déjà, sur ce simple aperçu, combien il est difficile à une nation de vivre dans l'isolement, et de trouver en elle seule les éléments de toutes les solutions économiques et sociales. Quelles que soient les institutions qui la régissent, elle ne peut se soustraire à la loi universelle, ni rester seule maîtresse des conditions du travail dans ses manufactures. Tôt ou tard il lui faudra compter avec la concurrence des marchés étrangers, soit qu'il s'agisse d'obtenir des matières premières, soit de vendre des produits fabriqués. Elle ne peut même pas obéir aux plus nobles instincts de sa générosité, sans tenir compte des procédés et des conditions du travail dans les pays voisins.

Les grandes transformations de nos fabriques, depuis vingt-cinq ans surtout, ont mis au jour cette vérité importante, et n'ont pas peu contribué à produire les diverses crises où se débat le travail manufacturier parmi nous. Nous voyons tous les jours disparaître les petits ateliers, le travail éparpillé, les métiers domestiques. L'industrie s'organise en usines immenses qui ressemblent à des casernes ou à des couvents, pourvus d'un matériel imposant, servi par des moteurs d'une puissance infinie. Les ouvriers s'entassent par centaines, quelquefois par milliers, dans ces laboratoires sévères, où leur travail, soumis aux ordres des machines, est exposé comme elles à toutes les vicissitudes résultant des variations de l'offre et de la demande. Leurs souffrances prennent bientôt le caractère d'une calamité publique, et se manifestent par des grèves menaçantes qui troublent la paix des cités, et qui offrent aux artisans de désordres une proie facile et assurée. Tant que ces manufactures ne sont pas encombrées de populations surabondantes, le salaire peut y être maintenu à un taux suffisant pour les faire vivre ; mais bientôt la protection mê me dont les diverses industries nationales sont l'objet y appelle une concurrence effrénée, qui produit l'abaissement des prix et celui des salaires.

Les économistes avaient prévu depuis longtemps ces crises redoutables ; et M. de Sismondi poussait le premier cri d'alarme il y a près de trente ans, bien avant que le système manufacturier eût pris les développements extraordinaires qui frappent aujourd'hui tous les regards. Il avait exposé avec beaucoup d'éloquence les inconvénients de ce système ; mais il ne concluait pas, et son beau livre n'a conservé qu'une grande valeur de critique, rien de plus. Cependant le flot du paupérisme ne cessait de monter et la misère de s'accroître, surtout dans les pays de manufactures. Les meilleurs esprits de l'Europe étaient profondément préoccupés de ce contraste, tous les jours plus remarquable, de la détresse des uns et de l'opulence des autres, en dépit de la masse de produits créés par le travail perfectionné de tous. D'où venait ce contraste? Comment expliquer cet accroissement parallèle et simultané de la richesse et de la pauvreté? Tel est le problème qui s'est élevé, en quelques années, des termes d'une simple difficulté économique aux proportions de la plus haute question sociale de notre époque.

Au premier rang des causes qui lui ont imprimé ce caractère de grandeur et d'importance, il faut placer la longue durée de la paix, et la persistance aveugle des gouvernements à conserver presque intacte une législation économique faite pour d'autres temps. La production manufacturière a été encouragée partout sur une échelle immense, partout protégée par des droits prohibitifs, et bientôt refoulée sur elle-même par l'absence de débouchés, par des représailles sévères, par la concurrence intérieure. Des fabriques innombrables se sont élevées sur toute la surface de l'Europe, rivales les unes des autres, avec la prétention de se supplanter, plutôt que dans le but plus légitime et plus rationnel d'échanger leurs produits. Nulle règle sérieuse n'a présidé à ces créations hâtives, qui se sont multipliées au milieu des crises, et qui ont mis à de si rudes épreuves les entrepreneurs

2.

et les ouvriers. Une guerre nouvelle, plus active et plus passionnée peut-être que leurs anciennes luttes militaires, a éclaté entre les grandes puissances, et se poursuit infatigable, au travers des péripéties les plus inattendues. Chaque peuple veut aujourd'hui produire son fer, sa laine et ses tissus de fil, de soie et de coton. Nos climats brumeux disputent au ciel même des tropiques la production du sucre, sans souci des intérêts de la navigation et des colonies.

Il devait résulter tôt ou tard, de cette lutte désordonnée, des complications redoutables. Déjà l'Europe s'était accoutumée à assister tous les cinq ans, sur un point ou sur un autre, à des liquidations désastreuses qui détruisaient des capitaux péniblement accumulés, et qui infligeaient aux écarts de la production des châtiments périodiques. Tant que ces malheurs n'ont atteint que les capitaux, sans menacer le sort des classes ouvrières, on s'en est peu ému ; on n'en a pas recherché la loi fatale; on n'y a vu qu'un motif de réclamer des priviléges plus étendus, des droits protecteurs plus élevés pour les entrepreneurs d'industrie. L'appât trompeur du bénéfice a fait croître sans cesse le nom-

bre des usines qui se nuisaient par leur concurrence même, et qui, plus tard, demandaient au
salaire les sacrifices devenus nécessaires pour
assurer quelques profits au capital. Trop souvent aussi, séduits eux-mêmes par l'élévation
temporaire des salaires, les ouvriers des champs
se sont précipités dans les villes, et n'y ont trouvé
que déception, incertitude et misère. L'industrie française a vécu d'une vie fébrile, artificielle, souffrant tout à la fois, en dépit des tarifs, de la concurrence étrangère et de sa propre
concurrence.

C'est au moment où ce dangereux état de
choses arrivait à son plus haut degré d'intensité, que l'Europe se jetait à corps perdu dans
la construction des chemins de fer, et frappait
de stérilité momentanée une masse de capitaux
vraiment effrayante. On eût dit que les classes
ouvrières n'avaient été conviées avec tant de
fracas au travail des manufactures que pour assister à ses funérailles. Les capitaux s'immobi-
lisaient tout à coup et sur tous les points, par
centaines de millions, en achats de terrains et
en constructions improductives. Une disette
presque générale enlevait au fonds de roule-

ment de l'industrie européenne près de un mil-
liard en 1847. Peu à peu l'Europe ressentait
aussi les fâcheuses conséquences de l'exagération de son état militaire en temps de paix. Les
armées permanentes y étaient devenues hors
de proportion avec ses besoins et avec la situation de ses finances. Le produit du travail des
contribuables s'écoulait par mille canaux stériles; et nos hommes d'État, trop confiants dans
la fortune de la France, abusaient de sa fécon-
dité en enfants prodigues, comme si toute prospérité n'avait pas ses règles et ses limites.

Déjà, sur plusieurs points du territoire, des
symptômes précurseurs de l'orage avaient éclaté,
et le malaise s'était fait sentir de préférence aux
industries organisées en grands ateliers, telles
que celles de la laine, du fil et du coton. Des
crises, plus fréquentes dans ces régions manufacturières que dans les autres, y avaient mis à
nu les misères inhérentes au système de concentration. La grande affluence des travailleurs
et le perfectionnement des machines y avaient
causé plus de ravages que partout ailleurs, et
on y raisonnait aussi plus vivement des causes
premières de cette situation difficile. C'est sur-

tout à Paris, à Lyon, à Lille, à Rouen, et dans quelques autres centres manufacturiers, que les discussions étaient ardentes et animées. Là, de temps immémorial, l'esprit d'opposition et d'indépendance avait développé l'énergie du caractère et l'intelligence naturelle des populations ouvrières. Ces populations, habituées à prendre une part active aux luttes politiques, s'étaient nourries depuis quelques années de doctrines nouvelles, répandues avec persévérance par des écoles d'origines et de tendances très-diverses, que l'on confondait sous le nom de *socialistes*, et qui n'avaient de commun entre elles qu'un même sentiment de haine contre la société. Les écrivains les plus éminents de ces écoles se plaisaient à signaler avec amertume les vices de notre organisation économique; et, à force de généraliser quelques observations de détail vraies et profondes, ils étaient parvenus à faire adopter comme articles de foi leurs critiques les plus injustes, et leurs peintures les plus fausses de la condition et du sort des classes laborieuses.

Bientôt ces doctrines hardies eurent leurs tribunes et leurs journaux, et les ouvriers sortirent définitivement de la politique, pour se jeter dans l'arène des questions sociales. On vit apparaître une suite de formules ambitieuses et dogmatiques, telles que *l'exploitation du travailleur par le capital*, *l'égalité du salaire*, *le droit d'association*, *le droit au travail*, et une **foule d'autres maximes** qui avaient le mérite d'être d'une simplicité extrême pour des hommes naïfs, et de ressembler à des apophthegmes religieux. Ces formules furent plus tard inscrites sur des drapeaux sanglants, et obtinrent l'honneur d'être développées officiellement dans une enceinte jadis consacrée à des débats plus calmes ; mais elles n'étaient encore qu'à l'état de théorie, lorsque la révolution du 24 février éclata.

Quelques-uns des hommes qui ont dirigé les premiers pas de cette révolution ne craignirent pas d'annoncer au monde étonné qu'elle avait pour but de changer complétement les bases sur lesquelles la société repose, ainsi que les lois organiques du travail. Leur armée se composait surtout des ouvriers des grandes villes, dont la soudaine insurrection avait mis fin au régime qui venait de tomber, et qui attendaient impatiemment la réalisation des promesses décevantes qu'on leur avait faites. En vain la France entière, adhérant à ce grand mouvement, n'y voulait voir qu'une révolution politique : elle n'a cessé de lutter depuis dix mois contre l'interprétation qu'on lui en a donnée, et l'on a pu croire un moment qu'il lui faudrait deviner, sous peine de ruine, cette énigme terrible dont nos neveux, peut-être, n'auront jamais le mot. Grâce au ciel, l'expérience touche à sa fin, et nous savons maintenant ce que coûtent à l'honneur des empires et au repos des sociétés ces accès d'orgueil qui prennent quelquefois aux hommes ; mais il faut que la leçon profite à tout le monde, et que chacun jette à son tour un regard méditatif sur ce champ de bataille.

Je viens de le parcourir d'une extrémité de la France à l'autre, et de visiter avec une entière impartialité d'âme nos grands foyers industriels, naguère si florissants, aujourd'hui si désolés. Si c'est par leurs applications qu'on doit juger de la valeur des doctrines, la France a bien fait de se borner au premier essai de celles qu'on prétendait lui imposer. Ce simple essai sur quelques points, la peur qu'on en a eue sur tous les autres, ont suffi pour produire une perturbation plus grave et plus profonde que celle qui a suivi la double invasion de 1814 et de 1815. On ne saurait l'évaluer à une perte moindre de dix milliards; et personne n'oserait dire où la ruine se serait arrêtée, si le pays indigné n'en avait tressailli jusque dans ses entrailles, et n'avait arraché à l'industrie, de sa puissante main, cette ceinture de Nessus.

La grande erreur est venue de l'idée qui a fait confondre la nation entière avec la population agitée de quelques villes de fabrique, et qui a prétendu assujettir à la règle d'une communauté l'indépendance individuelle et la liberté du travail, conquises par nos pères. Dès l'instant où les vieilles conditions de son existence ont été menacées, le travail a été comme frappé de mort. La discorde a pénétré dans l'atelier, et la tyrannie du nombre avec elle. La production a été mise en état de siége, et livrée à tous les caprices de la force brutale. Les uns ont demandé la réduction des heures du travail, et les autres l'augmentation du salaire. Ici on a interdit le travail des prisonniers; ailleurs on a repoussé la coopération des ouvriers étrangers. Les uns ont voulu élire leurs chefs, d'autres proscrire les leurs. On a supprimé le travail à la tâche et réhabilité celui à la journée, plus favorable à la paresse humaine. Tout ce qui pouvait être tenté contre le développement de la richesse publique l'a été en quelques mois sous toutes les formes, et la classe ouvrière a failli devenir victime de tous les systèmes préconisés en sa faveur. Il n'y a pas une recette dont on n'ait essayé pour assurer son bonheur, et peu s'en est fallu que le travail ait disparu complétement au milieu des efforts désordonnés dont le pré-texte était de le rétablir.

La création des ateliers nationaux occupera une place spéciale dans le long catalogue des satur-nales économiques de l'année 1848. Nulle me-sure révolutionnaire n'a été plus funeste aux intérêts de l'industrie et à la moralité des classes ouvrières. Ces ateliers ouverts à l'indiscipline sont devenus le refuge de tous les perturbateurs et de tous les oisifs accourus à Paris, comme vers la métropole du culte nouveau. Ils ont servi de place de sûreté à tous les ouvriers mé-contents de leurs maîtres, ou disposés à leur faire subir des conditions léonines. Dès l'instant où ces ateliers ont été établis, nul entrepreneur d'industrie n'a pu se croire certain de conserver la sécurité dans les siens, ni d'exécuter une commande avec exactitude. Le travail y était devenu un objet de railleries perpétuelles; et l'on eût dit, à voir ces nombreuses troupes de lazzaroni errants dans nos faubourgs, que les grandes cités de France étaient tombées au pouvoir d'une armée d'occupation vivant à ses dépens.

Cette contagion a profondément perverti l'esprit des classes ouvrières, en leur faisant croire qu'elles pouvaient s'assurer, par la menace et par l'oisiveté, une existence qui ne peut être honorablement obtenue que par le travail. Elle les a détournées des véritables voies de la production pour les jeter dans les hasards d'une vie aventureuse et flottante; elle a failli transformer le peuple de France en un peuple famélique et mendiant, auquel il faudrait bientôt faire, comme jadis aux prolétaires de Rome, des distributions de pain et de vivres, pour le tenir en repos. On retrouve dans presque tous les départements la trace vivante des lieux où ce triste séjour a passé. Il est peu de fabriques qui n'en

aient éprouvé la funeste influence . et dans lesquelles il n'ait laissé des souvenirs qui ne s'ef-
faceront pas de longtemps. Les circonstances
politiques nées de la révolution de Février sont
venues aggraver cette situation déjà si critique,
et il est impossible de n'en pas tenir compte
dans une appréciation sérieuse de l'état économique du pays , à la suite de ces grands événements. Appelés tout à coup à exercer dans
toute leur plénitude les droits de la souveraineté
populaire , excités par l'atmosphère ardente des
clubs , électeurs en permanence dans ces moments de rénovation de tous les pouvoirs ,
gardes nationaux continuellement sous les armes, les ouvriers ont vécu d'une vie tellement
agitée, que l'atelier a dû leur paraître mono-
tone et odieux. Ils ne comptaient plus les
jours, comme de vrais moines , que par les fêtes dont le gouvernement lui-même leur donnait
l'exemple. Ils s'étaient habitués à penser qu'il
dépendait de leurs votes, et de leurs armes encore fumantes , de changer les conditions fondamentales du travail. Ils avaient renversé un
trône en quelque heures , et ils ne pouvaient pas
comprendre qu'il leur fût impossible de détruire

le vieil édifice économique dont les réformateurs, devenus maîtres du pouvoir grâce à eux , leur avaient annoncé depuis si longtemps la fin prochaine et inévitable.

Ces audacieuses attaques ont été faites avec une violence et une constance infatigables, surtout dans la ville de Paris ; et c'est cette grande cité qui en a le plus souffert. Aucun des citoyens qui l'habitaient alors n'oubliera ces longues processions d'ouvriers portant des étendards sinistres, et qui semblaient voués à une grève perpétuelle. On eût dit qu'ils conspiraient eux-mêmes contre les industries qui les faisaient vivre, et qui s'évanouissaient une à une devant leurs prétentions sans cesse renaissantes. L'ébénisterie, l'orfévrerie, la carrosserie, la sellerie, la fabrication des bronzes, celle des papiers peints et de tous les articles de goût succombèrent les premières, menaçant d'une ruine totale notre commerce d'exportation, notre commerce de détail, et l'existence des ouvriers incomparables que l'Europe nous enviait. Il y eut un moment où, frappés d'une espèce de vertige, tous les corps de métiers cessèrent de travailler, pour chercher, comme jadis les alchimistes, dans de vaines utopies ou dans de coupables projets de spoliation, l'amélioration de leur sort. On dressera quelque jour le bilan de cette époque néfaste, et le chiffre du capital perdu pendant la longue durée des chômages de nos industries, apparaîtra dans toute son ampleur. Six mois de plus, et la France tombait de son rang dans le monde, frappée au cœur, ruinée dans ses finances, dans ses manufactures, dans toutes les branches de la production nationale.

Il est temps d'examiner quelles ont été sur toute l'étendue du territoire, et principalement dans les foyers spéciaux d'industrie que l'Académie nous a donné mission d'explorer, les conséquences de la perturbation économique dont ces régions ont subi l'influence. En déterminant les villes de Rouen, de Lyon, de Bordeaux, de Marseille et de Lille, comme points culminants de ces zones industrielles, l'Académie a voulu offrir, aux ports de mer et aux villes de fabrique, un témoignage égal de sa sollicitude, et juger, d'une manière, en quelque sorte synoptique, du véritable état des classes ouvrières dans le pays tout entier. C'est dans ces grands centres

3.

de travail que les esprits ont été le plus agités, et que l'industrie a éprouvé le plus de domma-ges; c'est là que les plus graves questions so-ciales appellent l'attention des économistes et des hommes d'État. Aussi convient-il, avant d'entrer dans l'examen de l'état particulier de chacune de ces régions, de signaler entre elles quelques différences caractéristiques bien dignes de méditation.

Les villes de Rouen, de Lille et de Lyon, spécialement vouées à la fabrication des tissus de fil, de soie, de laine et de coton, présentent sous tous les rapports la même physionomie économique et sociale; le travail y est générale-ment organisé en grands ateliers isolés ou en petits ateliers groupés, et les populations y sont agglomérées au plus haut degré de concentra-tion; l'insalubrité des habitations y remonte à une époque très-reculée, et caractérise de la ma-nière la plus frappante l'état déplorable d'une partie de la population. Nous les décrirons dans sa hideuse vérité, en exposant les faits particu-liers à chaque ville; mais nous devons, avant tout, dénoncer à l'attention publique ce triste apanage des villes de fabrique, comme l'une des

principales causes de tous les fléaux qui pèsent
sur la classe ouvrière. A ce premier symptôme
fâcheux, particulier à l'industrie de la filature
et du tissage, il faut ajouter la tentation funeste
et presque irrésistible d'attacher les enfants
dès l'âge le plus tendre à la glèbe de l'atelier, et
de les priver ainsi du bienfait de l'instruction
élémentaire, même quand l'État la leur offre
gratuitement dans sa munificence.

La condition des classes ouvrières est bien
supérieure dans les villes du Midi, et nommément dans les villes de Bordeaux et de Marseille : au lieu de vivre dans des ateliers fermés, aux ordres des machines, les ouvriers de
ces grandes cités maritimes travaillent presque
toujours à l'air libre, sur le port, dans les chantiers, dans les chais, et ils habitent des demeures généralement saines et spacieuses ; leurs
enfants, trop jeunes pour être occupés, comme
dans les filatures, à des travaux facilités par
les machines, fréquentent régulièrement les
écoles, se portent mieux, et deviennent plus robustes et plus instruits que les enfants des filateurs et des tisserands de Rouen, de Lyon et
de Lille. Là, peu ou point de chômages meur-

triers, pas de réductions soudaines dans les salaires, pas de révolutions d'ateliers produites
par le perfectionnement continuel des machines, mais des industries patriarcales, exercées
de père en fils, souvent pendant plusieurs générations. On se ferait donc une bien fausse
idée de la condition du travailleur en France, si
on pouvait confondre dans la même catégorie
ceux du Nord et du Midi, ceux de Lille et de
Rouen avec les ouvriers de Marseille et de Bordeaux.

Les crises qui troublent périodiquement les
industries de la filature et du tissage ne sauraient
atteindre les villes maritimes, ni exercer sur
leurs populations des ravages aussi profonds
que ceux dont le spectacle est si commun dans
les cités manufacturières. Nulle misère au monde
n'est comparable à celle des habitants du quartier Martinville, à Rouen, et du quartier Saint-
Sauveur, à Lille. On ne rencontre jamais dans
le Midi des enfants scrofuleux, rabougris, rachitiques, par troupes, comme dans certaines
villes du Nord ; à défaut de logements salubres
et de soins maternels, la douceur du climat les
protége, et le maître d'école s'en empare avant

le manufacturier. On n'y voit pas non plus de
ces jeunes invalides qui ont perdu un doigt,
une main ou un bras engagés dans les engre-
nages perfides de la filature de coton, de la
laine ou du lin : inappréciables avantages qui
suffiraient seuls à faire comprendre l'immense
différence de condition des classes du Nord et
de celles du Midi! Elles diffèrent en effet profondément, et jusque dans leurs plaisirs. Les
ouvriers du Nord consomment trop souvent
dans les cabarets le fruit de leur travail; les
ouvriers du Midi préfèrent les promenades du
dimanche, la chasse, la pêche, les parties de
plaisir à la campagne et en famille. Et quel est
le voyageur qui n'a pas été frappé aussi de la
supériorité physique des femmes d'ouvriers de
Marseille et de Bordeaux, sur celles de Rouen
et de Lille? On dirait que ces femmes appartiennent à deux races différentes, tant les premières l'emportent sur les autres par leur beauté
naturelle, et par les qualités non moins remarquables de l'esprit et du cœur. Elles souffrent
moins ou elles ont moins souffert dans leur enfance : voilà la vraie raison de cette supériorité
relative.

Ces considérations expliquent pourquoi la crise sociale a beaucoup moins pesé sur les populations du Midi que sur celles du Nord. Le Midi a été moins infesté que le Nord des publications incendiaires qui ont perverti avec tant de rapidité les ouvriers de nos manufactures. Il suffit, de se rappeler les titres abjects ou odieux de ces myriades de feuilles heureusement éphémères, issues de la fermentation des esprits, pour se faire une idée de la fatale influence qu'elles ont dû exercer. Cette lèpre immonde n'a pas encore pénétré dans nos campagnes, dont les ouvriers semblent étrangers aux excès du peuple des villes, et repoussent, avec une énergie bien rassurante pour l'ordre social, les théories hostiles à la propriété.

Mais, parmi les cités que le fléau des idées de désordre a le plus ravagées, il faut placer en première ligne la ville de Lyon et celle de Saint-Étienne. Le travail manufacturier n'est pas organisé dans ces deux villes comme à Lille et à Rouen; il ne l'est pas non plus comme à Marseille et à Bordeaux. L'industrie de la soie s'exerce à Lyon dans des ateliers de cinq ou six métiers, appartenant à des contre-maîtres dentaires qui les louent, moyennant rétribution, à des compagnons nomades, au jour ou à la semaine, le plus souvent à l'aide d'un prélèvement sur le prix des façons. Chaque maître, ouvrier ou chef d'atelier, reçoit du fabricant, qui est un simple commissionnaire, la matière à employer, le dessin à exécuter, et le salaire du travail. Ainsi habitué à débattre lui-même ses propres intérêts, l'ouvrier lyonnais jouit d'une indépendance morale dont on ne trouve l'équivalent dans aucune autre ville manufacturière. L'exécution des commandes est abandonnée forcément à son libre arbitre. Maître de l'emploi de son temps et de sa volonté, il n'a jamais à consulter que ses besoins ou ses convenances, et il se montre, à cet égard, d'une susceptibilité extrême. Le souvenir des luttes de 1831 et de 1834 n'a pas peu contribué, non plus, à lui donner une haute idée de lui-même; et il existe, à cet égard, des traditions dont la chaîne est d'autant plus facilement entretenue, que les ouvriers de Lyon se connaissent presque tous, et ont entre eux des rapports beaucoup plus fréquents et plus intimes que ceux de la capitale.

Saint-Étienne gravite ordinairement dans

l'orbite de Lyon, avec une population moins considérable sans doute, mais d'un caractère plus irritable et plus emporté. Ce sont des ouvriers rubaniers, des armuriers, des forgerons, des mineurs. Ils vivent en famille, par groupes organisés presque militairement, et aussi disciplinés pour leur défense collective qu'ils le sont peu pour le travail. Moins éclairés que les ouvriers de Lyon, plus rudes, plus opiniâtres, ils ont fourni de nombreux éléments d'activité aux troubles qui ont agité cette partie de la France; et, malgré les généreux efforts de plusieurs grandes compagnies établies parmi eux, ils ont poussé plus d'une fois l'esprit de sédition jusqu'à méconnaître l'autorité publique et la voix de leurs chefs. Un moment, depuis les événements de février dernier, chaque puits d'extraction de houille a eu son gouvernement provisoire, qui intimait des ordres, parfois obéis, aux dépositaires du pouvoir et aux propriétaires des mines. Je citerai, à la fin de mon rapport, quelques copies de ces étranges notifications; elles donneront une idée exacte de la disposition des esprits dans cette région industrielle de la France.

C'est là surtout et à Lyon, il faut le dire, que s'est établi le véritable foyer des doctrines antisociales qui ont dénaturé le sens moral, naturellement si juste et si droit, des classes ouvrières. Nulle part ailleurs, si ce n'est à Paris, ces doctrines n'ont été soutenues avec autant de cynisme et de persévérance. Mauvais livres, mauvais journaux, mauvais clubs, mauvais pamphlets, tout, jusqu'aux réunions habituelles en plein air, semble y avoir distillé la corruption morale et faussé le jugement des populations qui vivent dans la sphère d'action de ces deux villes. La contagion s'est étendue à Limoges, à Guéret, à Clermont, où elle a exercé des ravages inouïs. Mais cette contagion n'a jamais franchi le rayon des villes de fabrique ; et le symptôme le plus remarquable qui la caractérise, c'est qu'elle ait toujours expiré au contact de l'agriculture et de la vie des champs, ou au grand air des villes maritimes. Le contraste de ces deux tendances se manifeste quelquefois dans le même département. L'esprit des populations ouvrières n'est pas le même à Rouen et au Havre, à Lille et à Dunkerque. On dirait que les habitudes d'ordre et de discipline du

4

noble métier de marin, y élèvent l'âme à des hauteurs inconnues dans les régions manufacturières.

L'observation de ces phénomènes, si dignes de l'attention des économistes et des hommes d'État, nous guidera plus tard dans les conclusions à émettre sur le rapport soumis au jugement de l'Académie. S'il est démontré, par l'exposé de l'état économique et moral des travailleurs français dans les grands centres de production, que ce soit à l'influence de l'agglomération, des crises, des chômages, des variations dans le prix des salaires, de l'emploi abusif et prématuré des enfants, qu'on doive le malaise manufacturier dont le contraste est si frappant avec le progrès du bien-être dans les autres classes de la population, nous saurons tous quel est le côté vulnérable de la situation, et le pays s'efforcera d'y pourvoir. Entrons donc résolument dans ce grave examen, et commençons par l'industrie cotonnière, la plus souffrante de toutes, surtout dans le département de la Seine-Inférieure.

## INDUSTRIE COTONNIÈRE.

### ROUEN ET LA SEINE-INFÉRIEURE.

Le département de la Seine-Inférieure est un de ceux qui ont le plus souffert de la crise de 1848. Nulle part en France, si ce n'est peut-être à Lille, les travailleurs n'ont été plus cruellement atteints par le fléau du désordre, par toutes les misères qui en sont la conséquence, et dont le souvenir restera plein d'enseignements ineffaçables pour les classes ouvrières.

La Normandie a longtemps figuré au rang des plus opulentes provinces de France par son agriculture et par son commerce. Traversée par un grand fleuve, dont l'embouchure est le port de Paris; riche de ses gras pâturages, sans rivaux dans le monde ; en communication facile avec l'Angleterre par ses côtes, avec l'Amérique par le Havre, aucune catastrophe ne semblait devoir troubler sa prospérité, ni menacer l'existence de sa population, la troisième dans l'ordre départemental par le nombre, et l'une des plus avancées par l'amour du travail et l'intelligence des affaires. L'industrie ne s'y est établie sur une grande échelle que depuis le commencement de ce siècle, et si bien combinée avec l'agriculture et le commerce, qu'elle paraissait assise pour jamais sur ces bases solides. Comment se fait-il que nous ayons à enregistrer aujourd'hui d'aussi graves mécomptes, et à constater les plus poignantes misères dans un pays destiné par excellence à la richesse?.

Les causes de ce contraste sont de deux natures : l'excès du développement manufacturier, et le déclassement de population qui en a été la suite. Le tiers des habitants de la Seine-Inférieure est attaché directement ou indirectement aux manufactures de laine et de coton, et il a échangé peu à peu, forcément, le travail régulier de la vie des champs contre le salaire incertain et décroissant de la vie d'atelier. Les ateliers, de leur côté, condamnés à une rénovation perpétuelle, sans cesse en guerre entre eux ou contre la fabrication étrangère, soumis à toutes les vicissitudes de l'offre et de la demande, voient chaque jour diminuer leurs chances de profit, et ressemblent à des jeux de hasard, où il est impossible aux plus habiles de calculer la portée de leurs coups. C'est là ce qu'il importe de bien apprécier, quand on veut se rendre un compte exact des événements déplorables dont nous avons été les témoins.

Ces curieux phénomènes ont surtout éclaté au sein de l'industrie cotonnière, la plus importante du département de la Seine-Inférieure. L'industrie cotonnière y repose sur deux bases également fragiles : l'importation complète de la matière première par un marché de monopole qui est le Havre, et le débouché indispensable de l'étranger pour tout ce qui excède la consommation nationale. Cette industrie a été prise entre deux feux presque à son origine, et elle n'a cessé de vivre au milieu des orages depuis sa fondation. Protégée dès sa naissance par la prohibition qui dure encore, elle a cédé à l'appât d'une protection trompeuse qui ne l'a défendue ni contre l'engouement irréfléchi des entrepreneurs, ni contre le mauvais choix des emplacements, ni contre la cherté des capitaux, du combustible et de la main-d'œuvre. Elle est sur le point de succomber aujourd'hui sous le poids de sa perfection même, qui met

4.

hors de service tout le vieil outillage, c'est-à-
dire d'immenses capitaux non amortis, et menacés de stérilité avant d'avoir fourni leur carrière.

Les fabricants de coton de la Seine-Inférieure,
aussi bien que ceux de l'Alsace et du département du Nord, ne se sont aperçus que depuis
peu de temps de l'orage prêt à fondre sur eux.
Encouragés par le succès flatteur des premiers
temps de la fabrication, assurés du marché intérieur, favorisés par la prospérité des autres industries qui servaient de débouché à la leur, ils ne
prévoyaient pas qu'il suffirait d'un simple temps
d'arrêt dans quelque branche du travail national, d'une disette en agriculture, d'un ébranle-
ment momentané du crédit, d'une menace de
guerre extérieure ou de discorde civile, pour
paralyser l'effet de la consommation et pour produire à leurs dépens une crise redoutable. Ils ne
calculaient même pas à quelles rudes épreuves
pouvaient les mettre toutes ces industries rivales de la soie, du lin et de la laine, luttant
de bon marché avec leurs produits, et descen-
dant peu à peu à la portée des plus humbles
consommateurs. C'est en vain que, trois fois en

moins de vingt-cinq ans, ils avaient reçu des
avertissements sévères par le profond ébranle-
ment qu'avait subi leur industrie : ils repre-
naient courage après la tempête, en laissant
quelques-uns des leurs sur le champ de bataille, et ils marchaient, de perfectionnement
en perfectionnement, au périlleux dénoûment
qui a été précipité par la révolution du 24 février.

Ce dénoûment ressort du simple exposé de la
concurrence intérieure des fabriques françaises,
et de l'examen de leur condition actuelle sous
le rapport technologique. Il existe, en réalité,
trois sortes de fabriques dans l'industrie cotonnière : celles qui possèdent encore l'outillage
primitif, grossier, imparfait, produisant peu,
chèrement et mal, à l'aide de vieux bancs à
broches qui devraient être relégués dans les
musées de curiosité ; celles qui ont des métiers
plus avancés, quoique imparfaits encore, mais
pourvus de bons moteurs hydrauliques ou à
feu ; et enfin les usines montées sur un pied
formidable, avec des bancs de 600 broches à
renvideurs mécaniques, où rien n'a été laissé à
l'homme de ce qu'on peut lui disputer, et qui

rappellent la supériorité de l'artillerie moderne sur celle des temps passés. Il est évident que, même en dehors de toute discussion de salaire, le fabricant armé de ces puissantes machines à filer, bien placées sur des cours d'eau réguliers, doit travailler à des prix moins élevés que le propriétaire des métiers de moindre dimension, et, à plus forte raison, que le fabricant attaché à la glèbe des petits métiers mus par les bras de l'homme.

Tel est le premier aspect de la question manufacturière dans la Seine-Inférieure; et cette situation répond aux deux ordres d'idées qui frappent l'observateur aussitôt qu'il a pénétré dans le département. L'entrepreneur qui fait travailler un ouvrier sur un banc de 180 broches, à l'aide d'un moteur essoufflé, ayant à lutter contre la supériorité d'un rival qui dispose des bancs de 600 broches, mis en mouvement par des pompes à feu infatigables, ne peut vendre son fil de coton qu'à la condition de réduire tout à la fois ses profits et le salaire de ses ouvriers au taux le plus misérable. L'infériorité de ses métiers lui en fait une loi, sous peine de ruine immédiate. L'ouvrier, condamné à se servir de ces métiers surannés, se contente du plus modeste salaire, plutôt que de perdre le peu de travail qu'il y trouve; et il s'établit, entre le malheureux patron et lui, comme un concert de résignation, devant l'impérieuse nécessité qui les presse tous deux. Pendant ce temps les grands appareils poursuivent impitoyablement leur triomphe, et détruisent peu à peu leurs rivaux impuissants.

Mais ces transitions inévitables et fatales ne s'accomplissent jamais sans trouble et sans déchirements. Pendant que les chefs de l'industrie, hors d'état de renouveler leur outillage, s'épuisent en efforts douloureux pour conserver de l'emploi à leur capital engagé qui se meurt, les ouvriers, frappés dans leur salaire, attribuent souvent à la malveillance des réductions commandées par la nécessité; et j'en ai vu qui poussaient des cris de vengeance contre leurs patrons, quoique ceux-ci ne fussent déjà plus pour eux, en réalité, que des compagnons d'infortune. C'est dans ces moments de malaise réciproque que les travailleurs désorientés deviennent facilement accessibles à toutes les séductions. Trop souvent incapables, faute d'instruc-

tion, d'apprécier les véritables causes de la
détresse qui les accable, ils en accusent ceux
qui la partagent, et ils aggravent d'une manière
irréparable les grandes crises de l'industrie.

Jamais ces funestes malentendus n'ont été
plus fréquents et plus regrettables que pendant
les premiers mois de 1848. Au lieu de faire
comprendre aux ouvriers les causes si simples
et si naturelles de la crise qui pesait sur le travail à la suite d'une commotion révolutionnaire
soudaine, on a soufflé en eux l'esprit de sédition et de vertige. Il s'est trouvé des hommes
qui leur ont prêché l'égalité des salaires, le
partage des biens, la solidarité indéfinie, la spoliation enfin sous toutes sortes de formes décevantes et hypocrites. Ils se sont imaginé qu'il
appartenait au Gouvernement de décréter le
travail et l'abondance, comme la guerre ou les
impôts. Puis, devenus le Gouvernement eux-
mêmes, ils ont voulu mettre en pratique ces
extravagances de l'orgueil humain ; et notre
siècle a vu ce que nul autre ne verra plus sans
doute après une aussi humiliante expérience,
tout un peuple de travailleurs licencié au nom
du travail ; et l'impôt chargé de fournir une

liste civile à des millions de désœuvrés, au moment où toutes ses sources venaient de tarir.

La ville de Rouen et le département de la Seine-Inférieure ont été plus atteints qu'aucune autre région de la France par cette contagion, qui les a frappés en même temps que la crise industrielle. Le travail suspendu par la disparition du crédit, y a mis en grève subite plus de 30,000 ouvriers qui ont été plongés dans la plus effroyable misère, et auxquels on n'a pu distribuer que quelques faibles secours au prix des plus grands sacrifices, comme pour démontrer l'éternelle supériorité du travail sur l'aumône, et rappeler aux populations égarées les conditions providentielles de leur existence. Toutes les branches de la fabrication ont ressenti les effets de la commotion qui les a frappées en même temps : la filature, le tissage, l'impression. L'industrie linière n'a pas été plus épargnée que les manufactures de draps. Partout, quand j'ai parcouru ces vallées, naguère si animées, de Déville, de Darnétal, de l'Andelle, l'inquiétude régnait sur les visages et la désolation dans les ateliers. Tandis que les chefs d'usine consternés s'épuisaient en efforts pour maintenir le travail, l'émeute, grondant à leurs portes, terrifiait et paralysait le crédit. La détresse générale avait fait suspendre ou retirer toutes les commandes ; et je pourrais citer un des plus grands établissements de construction dont les directeurs signaient, au bas d'une de mes feuilles d'enquête, la triste et significative déclaration suivante : « Nous avions au 24 février pour *treize millions de francs* de commandes, et nous occupions environ 1,000 ouvriers. Aujourd'hui 15 août, presque toutes ces commandes ont été annulées ; nous avons 500 ouvriers de moins, et nous sommes contraints d'en réduire le nombre toutes les quinzaines. »

Tel était, pour une seule industrie, pour une seule usine, le formidable contre-coup de ces agitations. A mesure que je pénétrais dans les autres ateliers, partout se reproduisaient les mêmes doléances, partout je trouvais le crédit ébranlé ou anéanti, les chefs au désespoir, les ouvriers dispersés et irrités, les métiers silencieux, et déjà couverts de rouille ou de poussière. Chaque patron inscrivait fidèlement, sur mes inventaires, le nombre de ses ouvriers congédiés, la valeur de ses commandes perdues ;

et les ouvriers eux-mêmes, auxquels j'avais pris soin de demander aussi leur témoignage, ne s'accordaient que trop avec celui des maîtres pour déplorer la catastrophe qui les frappait tous si cruellement. Leur dissentiment ne commençait que lorsqu'il était question d'apprécier les véritables causes de la crise. Chacun l'interprétait à sa manière : les ouvriers l'attribuaient à l'avidité des maîtres ; les maîtres, aux prétentions des ouvriers, qui vivaient les uns et les autres dans un état effrayant d'hostilité. On eût dit l'équipage d'un vaisseau battu par une mer orageuse, qui tournait ses efforts contre lui-même, au lieu de les unir pour conjurer la tempête.

La longue durée de cette crise a soulevé sur tous les points du territoire, et principalement dans les grands foyers d'industrie, l'examen de toutes les questions qui se rattachent au régime manufacturier. Ces questions difficiles avaient sommeillé jusque-là, ou s'étaient maintenues exclusivement sur le terrain académique et littéraire. On ne les avait pas encore vues descendre tout armées sur la place publique, et menacer la paix des cités. Personne n'y était réel-

lement préparé, ni les chefs de l'industrie, ni
les chefs de l'État. La raillerie et l'incrédulité
avaient plus d'une fois accueilli les premiers
avertissements donnés par les économistes; et
tout le monde s'est trouvé pris au dépourvu, dès
qu'il a fallu improviser des solutions au milieu
du désordre d'idées soulevé par l'insurrection
triomphante. Les utopies les plus folles, les expédients les plus absurdes, les agressions les
plus hardies, ont été préconisés tour à tour comme
des moyens légitimes et infaillibles de répara-
tion. On a généralisé audacieusement quelques
abus réels, quelques chiffres de salaires reconnus insuffisants, pour attaquer les directeurs de
l'industrie, et pour exiger d'eux, sous le coup de
la menace, des sacrifices qui les auraient ruinés
sans profit pour l'ouvrier, si ces sacrifices eus-
sent été prolongés.

Le moment est donc venu de rétablir la vérité si étrangement travestie pendant cette tourmente de dix mois, et de pénétrer avec calme
dans ces ateliers naguère si agités, pour y recueillir du moins les leçons du passé. Examin-
nons donc une à une les erreurs déplorables
qui ont égaré les classes ouvrières, et qui au-

raient bientôt passé à l'état d'axiome parmi
elles, si la rude expérience qu'elles en ont faite
ne leur avait enfin ouvert les yeux. La première
et la plus grave de toutes ces erreurs a été de
croire que les salaires du travail pouvaient être
établis par des tarifs officiels et uniformes, sans
tenir compte de la variété infinie des aptitudes,
de la valeur du travail lui-même, et de l'état du
marché. La seconde a été d'attenter à la liberté
du travailleur par les essais malencontreux de
suppression du travail à la tâche, qui ont été
tentés presque partout avec une persévérance
infatigable, et qui n'auraient abouti qu'à l'op-
pression des forts par les faibles, des hommes
laborieux par les hommes sans cœur, et de l'intelligence par la matière. La troisième erreur et
la plus répandue a été de supposer que la meilleure solution du problème économique était la
réduction des heures de travail par toute la
France, de manière à diminuer la quantité of-
ferte au profit du travailleur, et à lui assurer
un emploi avantageux de son temps. Ces trois
infractions, funestes aux véritables lois de la
production, ont porté des fruits trop amers pour
n'être pas signalés.

Ici, c'est un devoir pour nous de reconnaître quelques faits incontestables, et dignes de toute la sollicitude des hommes d'État. Il est évident que dans l'industrie cotonnière, et particulièrement dans les deux branches de la filature et du tissage, il existe des catégories d'ouvriers dont le salaire est insuffisant pour les faire vivre, ce salaire fût-il constant et la santé du travailleur à l'abri de toute atteinte. Il est impossible également de contester que ce faible salaire ne saurait être augmenté sans élever d'une manière proportionnelle le prix de revient des produits, celui de vente, et, par conséquent, sans détruire sur le marché étranger la seule chance que nous ayons de soutenir la concurrence de nos rivaux. Nous avons commencé par démontrer que, sous peine d'abandonner tout le vieil outillage de nos plus anciennes filatures, les chefs de ces usines étaient condamnés à n'accorder à leurs ouvriers que des salaires inférieurs à ceux des ouvriers attachés aux manufactures pourvues d'appareils plus puissants, à l'aide desquels on obtient, par une même quantité de travail à la tâche, plus de produits avec moins de dépense. Travailler à vil prix, ou ne travail-

ler pas, tel est pour les fileurs des petits métiers
la condition inexorable qui résulte pour eux de
la concurrence des grands. Ils sont menacés de
succomber devant ces métiers perfectionnés,
comme ils ont fait succomber eux-mêmes les
appareils imparfaits qui les ont précédés. Les
hommes qui reprochaient si rudement naguère
aux maîtres de ces métiers mourants la fâcheuse
condition de leurs ouvriers, semblaient oublier
que l'économie la plus stricte leur est imposée
sous peine de mort, et que leur condition n'est
guère meilleure que celle de leurs subordonnés.
Quiconque a visité, à Rouen et dans la banlieue,
ces usines primitives, et a vu manger à la même
table, j'ai presque dit à la même gamelle, ces
modestes entrepreneurs et leurs ouvriers, sait
désormais que penser des déclamations dont on
les a poursuivis.

Là, quoi qu'on fasse, est le nœud essentiel
de la question; et il convient de la bien préciser, car elle se reproduira sous toutes les formes, toujours la même, à quelques complications près, dans l'industrie cotonnière et dans
celles de la soie, du fil et de la laine. C'est la loi
de croissance et de transformation, doulou-

5.

reuse et inévitable, dont on peut sans doute adoucir les heures de transition les plus difficiles, mais qu'il n'est au pouvoir d'aucun gouvernement de supprimer, sous peine d'arrêter le progrès même qui en est la conséquence. Heureusement, et il faut se hâter de le dire, le nombre de ces travailleurs disgraciés est extrêmement restreint; et plusieurs d'entre eux ne font que traverser, à titre de noviciat, cette région de la souffrance, dont l'intelligence et l'habileté peuvent toujours les faire sortir.

En outre, à l'exception de quelques milliers de familles entassées à Rouen dans les quartiers les plus malsains de la ville, la plupart des fileurs et des tisserands de l'industrie cotonnière habitent la campagne; et quoiqu'ils y reçoivent des salaires moins considérables, ils vivent d'une vie plus heureuse et plus régulière que les ouvriers des cités. On compte, dans le département de la Seine-Inférieure, environ cent dix mille ouvriers employés aux fabriques de rouennerie à métiers non réunis, et quarante mille seulement, un peu plus du tiers, en grands ateliers à métiers réunis. Le salaire des premiers ne s'élève qu'à 17 millions de francs, tandis que celui des autres atteint à peu près le chiffre de 23 millions. Ainsi les travailleurs de la campagne et du foyer domestique comptent soixante-dix mille personnes de plus que ceux de la ville et des métiers réunis, et ils touchent environ 6 millions de francs de moins par année. Les premiers ne se plaignent jamais, ne se révoltent jamais ; les autres sont toujours les premiers sur la brèche du désordre et de la sédition. Singularité plus remarquable encore ! dans les filatures, ce sont les fileurs les plus rétribués et les moins nombreux qui ont toujours le verbe haut et trop souvent la menace à la bouche ; dans les tissages mécaniques, ce sont les *pareurs*, qui représentent à peine le vingtième de la famille totale, et qui sont le mieux payés.

Mais il suffit de jeter un coup d'œil sur l'infinie variété des ouvriers de ces manufactures, pour reconnaître l'impossibilité de fixer les salaires autrement que d'un commun accord, et sous le régime de la liberté la plus absolue des deux parts. Les fileurs, les cardeurs, les rattacheurs, les bobineurs, les encolleurs, les trameurs, les rotiers, lamiers, apprêteurs, et une foule d'autres qu'il serait trop long de citer, hommes ou femmes, jeunes ou vieux, gagnant depuis 3 francs par jour jusqu'à 50 centimes, ne seraient pas même payés *également* dans chaque catégorie, à l'aide d'un salaire qu'on croirait le même pour tous. Il y a des métiers qui marchent plus vite les uns que les autres, avec le même nombre de broches, et de manière qu'au bout de douze heures deux ouvriers filant le même numéro sur des chariots d'égale armature, auront produit une quantité de filés différente, selon la rapidité du moteur de chaque usine. Je puis citer un exemple bien remarquable de ces débats industriels.

Pendant ma tournée dans le département de la Seine-Inférieure, au plus fort de la crise, le préfet, désireux de mettre un terme aux contestations qui s'élevaient tous les jours entre ouvriers et patrons, avait constitué, sous le nom de jury d'appréciation, un tribunal arbitral composé de patrons et d'ouvriers en nombre égal, sous sa présidence. On y venait plaider de toutes parts, et les ouvriers ne tardaient pas à s'apercevoir eux-mêmes du peu de fondement de leurs prétentions. C'est ainsi qu'un jour, à la même audience, une députation d'entre eux vint réclamer une indemnité, parce que les métiers de leur usine, marchant trop lentement à leur gré, ne leur permettaient pas de gagner tout ce qu'ils auraient pu gagner par un renvidage plus prompt; tandis que les ouvriers d'une autre usine se plaignaient de la vélocité du moteur, qui les fatiguait par un renvidage trop rapide, et leur faisait produire plus de fil dans le même espace de temps. Ils refusaient de prendre en considération l'excès de salaire qui leur revenait par suite de cette vélocité même dont leurs compagnons étaient jaloux, et ils finirent par rire avec approbation de la décision du jury, qui les invitait à changer d'ateliers, pour se mettre d'accord et pour se satisfaire.

Que dirons-nous des usines consacrées aux constructions, et dans lesquelles, suivant les tableaux que je placerai sous les yeux de l'Académie, les salaires varient, avec les capacités, de 10 francs à 2 francs par jour? Qui ne sait, d'un autre côté, que beaucoup de femmes employées dans les fabriques profitent de leurs heures de liberté pour les travaux du ménage, et utilisent, au profit de la famille, un temps qui semble ravi à l'atelier et dépensé en pure perte? Toutes les fois que, sous la pression de la terreur ou de l'utopie, les tarifs du travail ont été modifiés par l'autorité dans les occasions où elle est sortie de son rôle, l'anarchie la plus complète a régné dans les fabriques, les prix de revient ont été bouleversés, au grand dommage de la vente, et finalement au détriment de l'ouvrier lui-même. Partout les bons travailleurs s'empressaient de repousser le funeste présent qui leur avait été fait, et j'ai pu constater la sincérité de leurs opinions par des milliers de signatures. Je ne m'arrêterai pas à discuter aujourd'hui, en présence de l'évidence qui les a éclairés, la prétention, pour eux si désastreuse, de supprimer le travail à la tâche, véritable attentat à la plus sacrée de toutes les propriétés, celle du droit qu'a tout homme de disposer de son temps et de son travail, j'ai presque dit de sa personne.

La lutte la plus vive s'est établie sur la limitation des heures, et cette question a excité au plus haut degré l'émotion générale dans tous les ateliers. C'était réellement la seule sur laquelle il fût presque impossible de faire entendre raison aux ouvriers. Ils supposaient tous que cette réduction des heures du travail assurerait de l'occupation à un plus grand nombre d'entre eux ; et s'ils n'avaient pas manifesté la prétention de concilier cette limitation avec le maintien et parfois avec l'augmentation de l'ancien taux du salaire, on aurait pu croire aux sentiments généreux qui semblaient inspirer leurs exigences. Dans la plupart des filatures, le travail durait quatorze ou quinze heures, au grand détriment de la santé et de la moralité des travailleurs, principalement des enfants ; et l'excès a même été plus loin, si je suis bien informé. Il était donc naturel d'applaudir à une mesure qui promettait des conditions meilleures au travail de l'enfance, et qui ménageait davantage les forces des adultes. Mais le décret du Gouvernement provisoire dépassait le but, et il trahissait la violence subie par ses auteurs, en réduisant la journée à onze heures, avec une exception en faveur des ouvriers de Paris, pour lesquels elle était fixée à dix heures, probablement parce qu'ils menaçaient de plus près le siége du Gouvernement.

Dès ce moment, la crise du travail n'a plus

connu de bornes. D'immenses capitaux ont été frappés de dépréciation, particulièrement dans le département de la Seine-Inférieure. Plusieurs manufacturiers, menacés d'une ruine certaine, ont suspendu leurs opérations plutôt que de travailler à perte; et une foule d'ouvriers, préférant l'ancien mode de travail à l'inaction, se sont décidés à violer la loi rendue en leur faveur, pour ne pas mourir de faim. En même temps l'État était réduit à accorder des primes d'exportation énormes, pour compenser l'élévation des prix de main-d'œuvre, causée par la limitation des heures; et il achetait à grands frais des débouchés sans cesse menacés par les accroissements de tarifs des nations étrangères. Aucune mesure n'a suscité des hostilités plus vives entre les diverses industries, et n'a entraîné de plus funestes conséquences. Les loisirs stériles qu'elle a créés aux populations ouvrières n'ont profité qu'à leur intempérance physique et morale, aux cabarets et aux clubs. Les chefs de l'industrie cotonnière ne reconnaissaient plus leurs ouvriers, naguère si calmes et si sensés, dans ces processions bruyantes et menaçantes qui troublaient la paix des ateliers, et qui semblaient vouloir y porter, au lieu de l'intelligence et du travail, la dévastation et l'incendie.

J'ai vu de près ces misères, et j'espère qu'elles trouveront un jour leur historien. Accoutumé que je suis aux voyages de fabriques, et au langage simple et honnête des classes ouvrières de notre pays, je ne puis me rappeler ni rappeler à mes concitoyens, sans tristesse, ces jours néfastes où l'esprit de vertige et d'erreur se croyait en droit de refaire les lois du travail au milieu du fracas des armes; où des hommes sérieux ont pu penser que tant d'heures perdues par des millions de citoyens se résoudraient pour eux en bien-être; où l'on a osé dire à une nation spirituelle et ingénieuse qu'elle arriverait par le repos à la richesse, et par le travail à la pauvreté; comme si de pareils dogmes ne devaient pas la faire rétrograder en peu de temps jusqu'à l'état sauvage! Et ici qu'il me soit permis de dire la vérité tout entière sur les ravages que cette perturbation des âmes a causés parmi les ouvriers des grandes villes, et nommément dans la ville de Rouen. Nous les retrouverons sous d'autres formes à Lyon, à Saint-Étienne et à Lille, et nous les signalerons à

6

leur tour aux méditations de nos concitoyens. Il importe de les apprécier à leur juste valeur ; car nous en tirerons plus tard cette conclusion consolante, que le mal est concentré sur quelques points du territoire, plus nouveau et plus artificiel qu'on ne pense, et, par conséquent, plus accessible à l'action des administrateurs et des hommes d'État.

La ville de Rouen avait été ensanglantée par un conflit à la suite duquel plus de cent ouvriers se trouvaient détenus dans les prisons. Ils étaient réunis dans le même préau, et je crus devoir m'y rendre pour m'entretenir avec eux. Ils appartenaient presque tous au département, et ils étaient généralement d'un âge mûr, à l'exception d'un très-petit nombre de jeunes gens. La plus grande exaltation régnait parmi eux, et ils déclamaient vaguement, sans rien préciser, contre ce qu'ils appelaient la bourgeoisie, contre le Gouvernement, contre les chefs de l'industrie. J'aperçus un jeune homme de la physionomie la plus heureuse et la plus douce, et le dialogue suivant s'établit entre nous ; l'Académie me permettra d'en conserver la couleur locale dans toute sa naïveté : « Jeune

homme, lui dis-je, pourquoi êtes-vous en prison? — Pour avoir voulu délivrer ma patrie du
joug des tyrans. — De quels tyrans? — Des tyrans qui nous oppriment. — Mais·quels tyrans
pouvez-vous redouter dans un pays en possession du suffrage universel? N'êtes-vous pas libre de voter pour qui bon vous semble? —
Sans doute ; mais je n'ai pas pensé à tout cela
quand j'ai senti l'odeur de la poudre ; je suis
sorti, je me suis battu, et me voilà. »

Pendant qu'il prononçait ce peu de mots, un
de ses compagnons d'infortune, dont la physionomie était moins disⱡnguée que la sienne,
saisissait familièrement le pan de ma redingote,
et me disait, du ton le plus ironique : « Combien
de blouses ferait-on bien, monsieur, avec le
prix de cette redingote? — Vous vous mépre-
nez, mon ami ; ces blouses sont faites. La laine
des moutons n'a pas passé de leur dos sur le
mien sans être travaillée par quelqu'un, et ce
quelqu'un a reçu son salaire. Elle n'a pas été
non plus teinte, filée, tissée, apprêtée et cou-
sue pour rien. Ma redingote a donc produit la
valeur de plus d'une blouse sur son chemin, et
elle a habillé plus d'une personne avant d'arri-

ver sur mes épaules. Qu'en dites-vous, mes-
sieurs ? » Tous les prisonniers applaudirent,
excepté mon interlocuteur, qui s'écria en grondant : « Cela peut bien être vrai ; mais les fabricants sont de grands scélérats tout de même ! »

Je me hasardai alors à faire comprendre à ces
infortunés combien leur insurrection avait été
fatale à l'industrie rouennaise, et combien de
malheurs elle avait appelés sur la classe ouvrière, sur leurs frères, par suite de la suspen-
sion du travail. Plusieurs versaient des larmes
en me donnant l'adresse de leurs familles, et ils
déploraient amèrement une séparation cruelle.
Je ne puis tout dire ; mais, vraiment, la plupart de ces hommes avaient été égarés par des
prédications criminelles ; et je suis forcé de taire,
par respect pour le malheur, les preuves les
plus évidentes de la fâcheuse influence exercée sur eux par d'autres prisonniers. J'ai acquis
la certitude que plusieurs d'entre eux avaient
été entraînés à ces luttes impies par des sugges-
tions persévérantes, et sous le charme des théories subversives de quelques prétendus réformateurs, qui n'ont jamais mis le pied, de leur
vie, dans un atelier.

Je ne quitterai pas ce sujet sans rapporter un autre fait non moins caractéristique, et qui témoigne douloureusement du changement qui s'est opéré dans les sentiments de la population ouvrière, depuis ces fatales commotions industrielles. Chacun sait qu'entre les innombrables prétentions qui en furent la suite, l'une des plus souvent renouvelées, et la plus inhospitalière de toutes, fut celle d'expulser les ouvriers étrangers. La ville de Rouen avait vu s'élever à ses portes, au capital de plusieurs millions, une filature de lin magnifique, qui employait plus de huit cents ouvriers des deux sexes. Cette fabrique, récemment établie, et qui a succombé avec tant d'autres, avait prospéré à l'aide de fileuses irlandaises qui avaient servi de contre-maîtres à nos ouvrières, et qui les avaient initiées à tous les détails de la fabrication. Après les journées de Février, ces malheureuses femmes furent impitoyablement chassées des ateliers, et jetées sur la voie publique avec leurs enfants à la mamelle. Recueillies par la pitié des habitants de la campagne, elles sont rentrées, depuis, dans la manufacture, mais seulement pour assister à sa ruine aujourd'hui déclarée.

6.

Voilà ce que trois mois d'aberration avaient fait de la population ouvrière de quelques-unes de nos grandes villes! N'avons-nous pas entendu dans Paris même les cris sinistres : *A bas les Savoyards! A bas les Auvergnats! A bas les Belges!* comme si ces furieux avaient voulu confondre dans un aveugle anathème les étrangers et les nationaux !

Plus je repasse dans mon esprit le spectacle saisissant de tant de graves événements, de tant de milliers d'ouvriers agités et comme électrisés par cette tempête, plus je suis convaincu que le trouble des esprits a été provoqué par la mise en circulation de quelques aphorismes sonores et trompeurs, proclamés à Paris par deux ou trois sectes fanatiques. Les mêmes mots tracés sur mes feuilles d'enquête par des myriades de travailleurs crédules, sincères et peu éclairés, témoignent évidemment d'une propagande commune, et d'une espèce d'initiation générale et uniforme. On tente chaque jour de substituer le symbole d'une religion nouvelle aux vieilles croyances de nos pères, et de réveiller les appétits violents que celles-ci ont toujours cherché à éteindre. C'est au nom des idées de partage, de bien-être illimité, de besoins sans frein, qu'on appelle au banquet de la vie des classes longtemps déshéritées sans doute, mais qui s'élevaient tous les jours, avec l'humanité tout entière, à de meilleures destinées.

On trouve dans les mêmes régions de la France, et quelquefois sous forme des contrastes les plus frappants et les plus instructifs, la preuve de cette action corrosive exercée par les grands foyers de production manufacturière. Aux portes de Rouen, il en existe un exemple remarquable dans les villes d'Elbeuf et de Louviers, toutes deux vouées à la fabrication des draps, et séparées à peine par une distance de 20 kilomètres. La population d'Elbeuf, plus concentrée, plus agglomérée, plus urbaine que celle de Louviers, a été de tout temps plus rude, plus agitée, plus accessible aux perturbateurs. Les ouvriers de Louviers, presque tous propriétaires d'un petit champ, plus doux, plus éclairés, plus paisibles que ceux d'Elbeuf, ont conservé quelque chose des traditions pastorales de l'agriculture, et ils se distinguent de leurs voisins par plusieurs traits de supériorité morale. Leurs délassements sont d'une nature plus délicate, et la famille y joue un rôle plus important que parmi les ouvriers d'Elbeuf; ils sont moins avides de lectures et de nouvelles excitantes; ils surveillent davantage leurs enfants, et l'on peut affirmer, sans blesser aucune susceptibilité respectable, qu'ils l'emportent sur les autres classes de travailleurs de cette partie de la Normandie, par la douceur de leurs mœurs et la régularité de leurs habitudes.

Ces différences, si dignes d'attention, ne sont pas l'effet du hasard, et confirment, par leur reproduction sur tous les points du territoire, l'existence d'une véritable loi du progrès moral des populations. Au premier rang des causes qui contribuent à favoriser ce progrès, il faut placer la juste proportion qui existe entre le nombre des habitants et la quantité de terre destinée à les nourrir, la certitude du travail, la plus grande fixité du salaire, la plus grande latitude accordée à l'éducation des enfants, et les habitudes de tempérance, d'ordre, d'économie, qui en sont la conséquence. L'agglomération extrême des populations dans les villes, l'insalubrité des logements, la contagion de l'exem-

ple, les abus du régime manufacturier, l'incertitude du travail, l'abandon des enfants,
caractérisent généralement les grands centres
de fabriques, et se trouvent réunis au plus haut
degré d'intensité dans la Seine-Inférieure. Voilà
pourquoi ce département, si remarquable par
son agriculture, est travaillé aujourd'hui par le
double fléau du paupérisme et des utopies, et
figure au premier rang des foyers de troubles
parmi tous les autres. Il s'agit de signaler les
points les plus vulnérables de sa constitution
industrielle.

Les deux plus affligeants sont l'insalubrité
des logements et l'abus du travail des enfants
dans les manufactures. C'est par là que le mal
se perpétue de génération en génération, atta-
quant l'enfance dans sa fleur, et créant une population maladive, souffreteuse, à qui manque
tout à la fois la force physique et la valeur morale. Quelques efforts que puissent faire le Gouvernement et les communes, quelques lumières
qu'ils essayent généreusement de répandre, tant
que l'enfant ne pourra naître et vivre dans une
habitation salubre et tolérable, tant qu'il sera
attaché prématurément à la glèbe de l'atelier

au lieu d'aller à l'école, il n'y a rien à espérer pour l'amélioration physique et morale des classes ouvrières. L'état vraiment déplorable des logements d'ouvriers dans la ville de Rouen, et surtout dans le quartier Martainville, appelle une réforme radicale, énergique, prochaine, au nom de la pudeur et de l'humanité. Profondément convaincu de l'influence décisive que cette réforme exercerait sur les populations manufacturières, je me suis résolu à signaler le mal dans toute son horreur, et à faire un appel parti du fond de l'âme à tous les hommes d'honneur, à toutes les mères de famille, pour conjurer ce fléau trop peu connu jusqu'aujourd'hui. Il ne suffit pas de dire aux ouvriers qui s'égarent, de rudes vérités; il ne faut pas dissimuler, non plus, les circonstances atténuantes dans ce terrible procès qui s'agite entre la société tout entière, et quelques centaines de milliers d'hommes exaspérés contre elle par le malheur et par la souffrance.

Oui, il existe à Rouen, et nous en verrons bientôt de plus terribles à Lille, des repaires mal à propos honorés du nom d'habitations, où l'espèce humaine respire un air vicié qui tue au lieu de faire vivre, qui attaque les enfants sur le sein de leur mère, et qui les conduit à une décrépitude précoce, au travers des maladies les plus tristes, les scrofules, les rhumatismes, la phthisie pulmonaire. Les pauvres enfants qui échappent au vice dans ces mortelles demeures, finissent par tomber dans l'imbécillité. Quand ils parviennent à vingt ans, on n'en trouve pas dix sur cent capables de devenir soldats : la misère, les privations, le froid, le mauvais air, le mauvais exemple, les ont amaigris, atrophiés, corrompus, démoralisés. Il n'est pas jusqu'aux noms de ces quartiers maudits qui n'inspirent le dégoût : c'est la rue de *la Bassesse*, l'impasse du *Cloaque*, et autres semblables, dont l'intérieur est inconnu, si ce n'est de quelques personnes bienfaisantes qui bravent, pour y pénétrer, les plus vives répugnances.

On n'entre dans ces maisons que par des allées basses, étroites et obscures, où souvent un homme ne peut se tenir debout. Les allées servent de lit à un ruisseau fétide chargé des eaux grasses et des immondices de toute espèce qui pleuvent de tous les étages, et qui séjournent dans de petites cours mal pavées, en flaques pestilentielles. On y monte par des escaliers en spirale, sans garde-fous, sans lumière, hérissés d'aspérités produites par des ordures pétrifiées ; et on aborde ainsi de sinistres réduits bas, mal fermés, mal ouverts, et presque toujours dépourvus de meubles et d'ustensiles de ménage. Le foyer domestique des malheureux habitants de ces réduits se compose d'une litière de paille effondrée, sans draps ni couvertures ; et leur vaisselle consiste en un pot de bois ou de grès écorné, qui sert à tous les usages. Les enfants plus jeunes couchent sur un sac de cendres ; le reste de la famille se plonge pêle-mêle, père et enfants, frères et sœurs, dans cette litière indescriptible, comme les mystères qu'elle recouvre. Il faut que personne en France n'ignore qu'il existe des milliers d'hommes parmi nous dans une situation pire que l'état sauvage, car les sauvages ont de l'air, et les habitants du quartier Saint-Vivien n'en ont pas !

Ces misérables loyers se payent depuis 60 centimes jusqu'à 2 francs par semaine. Il n'y a presque jamais de carreaux aux fenêtres, et les rez-de-chaussées sont parfois si humides que leurs parois sont tapissées de mousse. Dans plu-

sieurs rues situées le long du ruisseau connu
sous le nom d'*eau de Robecq*, on voit jaillir de
petites sources aux portes des maisons, quand
l'eau ne suinte pas le long des murs. Les propriétaires, souvent aussi pauvres que leurs lo-
cataires, ne font jamais de réparations ; et ces
affreuses maisons deviennent ainsi de jour en
jour plus insalubres et plus meurtrières. L'autorité a fait de vains efforts pour y introduire
quelques mesures de propreté ; mais le seul
parti à prendre est la démolition, devant laquelle la bienfaisance municipale a reculé jusqu'ici, n'osant point appliquer le principe de
l'expropriation pour cause d'utilité publique.
Serait-il donc permis de louer des logements
qui tuent, quand il est défendu de vendre des
aliments insalubres ? L'autorité hésite-t-elle à
interdire la circulation sur un pont, quand elle
y est dangereuse ? Ne condamne-t-on pas tous
les jours, dans nos ports, des vaisseaux de fort
bonne apparence, parce qu'ils sont reconnus
incapables de tenir la mer ? Ces mesures salu-
taires sont-elles des atteintes portées à la propriété ? et le principe sacré de la propriété ne
se fortifie-t-il pas tous les jours par les sacri-

fices même qu'on lui impose dans l'intérêt général ?

Nul ne saurait estimer à leur juste valeur les
avantages de la destruction complète du fléau
des mauvais logements. C'est là que commencent
la dissolution de la famille et toutes les misères
qu'elle traîne à sa suite. Le père se hâte de
fuir ces lieux inhabitables, et cherche dans les
cabarets un asile contre l'horreur qu'ils lui inspirent. La femme seule y demeure avec ses enfants, quand la faim ne la force pas de les abandonner à la garde les uns des autres, ou de
quelque voisine charitable. Le mari ne rentre
que pour gémir ou gronder, et s'habitue peu à
peu à des violences qui mettent au désespoir la
partie la plus faible et la plus malheureuse de la
famille. J'ai étudié avec une religieuse sollicitude la vie privée d'une foule d'ouvriers, et j'ose
affirmer que l'insalubrité de leurs habitations
est le point de départ de toutes les misères, de
tous les vices, de toutes les calamités de leur état
social. Il n'y a pas de réforme qui mérite à un
plus haut degré l'attention et le dévouement des
amis de l'humanité. C'est par celle-là qu'il faut
commencer ; presque toutes les autres en décou-

leront comme d'une source naturelle : sans celle-là, toutes les autres seront inutiles ou insuffisantes. A peu d'exceptions près, on pourrait juger de la valeur morale d'une famille d'ouvriers par la seule inspection du local qu'elle habite. Les ouvriers du midi de la France, infiniment mieux partagés que ceux du nord, nous offriront à cet égard des sujets de comparaison décisifs.

Le premier objet qui appelle toutes les sévérités de la loi, après la réforme des logements, c'est la surveillance des enfants et la répression des abus dont ils sont victimes, jusqu'au scandale, dans certaines villes manufacturières. Le département de la Seine-Inférieure laisse beaucoup à désirer sous ce rapport. C'est l'un de ceux où la proportion des écoliers à la population totale est le plus faible. A l'heure qu'il est, les témoignages les plus compétents attestent que plus de 30,000 enfants ne reçoivent absolument aucune instruction, et que cet affligeant oubli atteint surtout les jeunes filles. Lorsqu'on examine de quelle manière l'instruction est distribuée, arrondissement par arrondissement, ville par ville, on est forcé de reconnaître que le nombre des élèves est en raison inverse du développement industriel. L'atelier fait partout une guerre sourde et incessante à l'école, et l'on est sûr de trouver au service du manufacturier l'enfant qui manque à l'appel de l'instituteur. Cette fatale règle ne souffre nulle part d'exception. Je l'ai retrouvée à Lille ; on la déplore dans l'Alsace même, à Lyon, à Reims, à Saint-Quentin, dans les Ardennes, dans les Vosges.

Il est facile de penser à quelles funestes influences se trouvent ainsi exposés des enfants sans défense contre les rigueurs du travail et contre la perversité de l'exemple. Leur corps et leur âme sont attaqués à la fois. Misère et dénûment au foyer domestique, fatigue et démoralisation dans l'atelier, voilà ce qui les attend : encore est-il juste de reconnaître que, le plus souvent, ils sont mille fois mieux au sein de l'usine que dans les réduits infects où vivent leurs parents. Je ne veux rien dire de tous ceux que j'ai vus, invalides précoces, déjà mutilés par leur imprudence autour des machines, ou rabougris au point de causer d'étranges méprises sur leur âge à la suite des longues veilles, quand on veillait, ou d'un travail excessif dans les moments d'urgence. Ce martyrologe aurait sans doute son éloquence ; mais j'aime mieux signaler l'abus que d'en flétrir les auteurs. Tant que la société ne commencera pas cette réforme par la base, c'est-à-dire par une vigilance infatigable sur l'éducation de l'enfance, elle tournera perpétuellement l'affreuse roue d'Ixion, et nos villes manufacturières seront des foyers continuels de désordre, d'immoralité et de sédition.

La période révolutionnaire que nous venons de traverser ne nous a que trop appris ce que pouvaient devenir entre les mains des agitateurs ces enfants abandonnés, quand ils parviennent à l'âge d'homme. C'est parmi eux surtout, bien plus que chez le peuple plus naïf et plus crédule, pourtant, des campagnes, que le désordre a recruté ses nombreuses victimes. Rien ne saurait donner une idée du trouble jeté dans les ateliers par les publications violentes des énergumènes sortis du sein des clubs, et qui ont infesté les localités les plus importantes de la Normandie. J'en ai la preuve écrite de plusieurs centaines de mains, à la suite de l'enquête

7.

où j'ai recueilli les vœux des ouvriers dans chaque fabrique ; et il m'est permis de dire que le poison ne saurait produire des effets plus prompts et plus funestes que ces feuilles, heureusement éphémères , où les plus odieuses maximes étaient distribuées à vil prix aux heures des repas. Si le bon sens du peuple des campagnes n'avait échappé à cette contagion , c'en était fait pour longtemps de la richesse et du repos de notre pays.

En somme, le département de la Seine-Inférieure a perdu , dans ce grand cataclysme , une valeur d'environ 100 millions. La plupart de ses manufactures de coton ont été ébranlées, et la crise inhérente au mouvement de transition de l'ancien au nouvel outillage en a été aggravée au delà de toute expression. Elbeuf a cruellement souffert dans la fabrication des étoffes de laine feutrée , et particulièrement dans les articles de goût et de nouveautés qu'elle avait créés à côté de sa vieille et solide industrie du drap. Le tissage à la main et le tissage mécanique n'ont pas été moins éprouvés dans l'industrie cotonnière ; et les impressions qui semblaient devoir, en raison de leur bon marché bien connu, résister plus énergiquement à l'orage, ont vu leur production restreinte aux besoins journaliers de la consommation. La plaie des ateliers nationaux, importée là aussi, y a porté comme ailleurs les fruits les plus amers. Les vallées industrielles de Darnetal, de Déville, de Bolbec, ont eu leurs promenades séditieuses, leurs orateurs de carrefour, leurs prédications incendiaires, et tout le cortége de nouveautés économiques qui caractérise notre époque. Il a fallu nourrir des milliers d'hommes aux frais des communes, presque toutes obérées par ces efforts accablants.

Aujourd'hui que tout commence à rentrer dans l'ordre accoutumé, le moment est venu de mettre la main à l'œuvre, et de faire à l'édifice social les réparations urgentes dont il a besoin. L'étude sérieuse de cette situation grave et nouvelle ne permet pas d'ajouter la moindre foi aux spécifiques dont les alchimistes sociaux gratifient chaque jour, d'un ton hautain, le pays, qu'ils ont si profondément troublé. La grande industrie des tissus de coton subit, au moment où nous parlons, une transformation douloureuse, qui a été hâtée et compliquée par l'ébran-

lement du crédit à la suite d'une révolution.
Cette transformation, laborieuse en tout temps
et en tout pays, a entraîné des conséquences désastreuses pour les classes ouvrières, à cause des
prétentions qu'elles ont manifestées, au lieu de
venir en aide, par des mesures de conciliation,
au travail menacé de toutes parts. Mais les faits
caractéristiques et permanents du régime manufacturier subsistent dans toute leur vérité,
après comme avant la crise de 1848. La Normandie demeure exposée, aujourd'hui comme
hier, aux inconvénients résultant de l'agglomération de sa population industrielle dans les
villes, aux abus du travail des enfants dans les
manufactures, aux maladies physiques et morales qui déciment leurs pères. Rien n'est fini.
Les mêmes causes peuvent toujours produire
les mêmes effets. Les foyers de sédition ne sont
pas tous éteints. Il existe toujours des jeunes
gens qui veulent délivrer leur patrie du joug
des tyrans. On trouve encore des ouvriers qui
cherchent consciencieusement combien on pourrait tailler de blouses de toile dans une redingote de drap. Oui, nous avons assisté à d'étranges
saturnales depuis dix mois; mais n'avions-nous

pas trop fermé les yeux depuis dix ans ? Le mal qui nous dévore n'est pas seulement endémique, et propre au régime manufacturier de la Seine-Inférieure : nous allons le retrouver plus affligeant et plus digne de méditation dans le département du Nord.

## LILLE ET LE DÉPARTEMENT DU NORD.

Le département du Nord, peuplé d'un million d'habitants, présente le spectacle le plus saisissant des misères de notre état social, tel qu'il s'est transformé peu à peu, depuis un demi-siècle, sous l'influence du régime manufacturier et des vicissitudes industrielles qui en ont été la conséquence. Rien n'a pu le sauver des atteintes fatales de cette lèpre qui mine, sous le nom de paupérisme, tous les pays de travail organisé en grands ateliers : ni la richesse de son sol et la perfection de sa culture, ni la variété de ses industries, ni les progrès merveilleux qu'elles ont faits en tout genre. Nulle part l'industrie agricole n'est plus avancée, plus fortement combinée avec l'industrie manufacturière, plus intimement liée aux grandes spéculations du commerce. Il suffit de citer les sucreries de betterave, les huileries, les amidonneries, la production et le travail du lin, l'extraction de la houille et la fabrication du fer, pour apprécier à sa juste valeur le rôle que joue l'élément *territorial* dans ce vaste atelier de production, plus important que certains royaumes.

Le département du Nord est pourtant celui de France où règne la plus grande misère à côté de la plus brillante opulence, et dans lequel la fortune semble avoir accumulé, d'une manière désespérante, les problèmes les plus difficiles du temps où nous vivons. On n'y saurait toucher à une industrie, si prospère qu'elle paraisse, qui ne souffre de quelque mal inconnu, et qui ne se débatte contre l'incertitude de sa destinée. L'industrie cotonnière y lutte, comme à Rouen et dans la Seine-Inférieure, contre l'invasion des grands métiers, et le travail patriarcal de la filature domestique succombe devant l'insuffisance du salaire. La filature du lin ne s'est établie sur une grande échelle qu'en immobilisant des capitaux énormes dans des usines condamnées à travailler sans cesse, sous peine de ruine, et qui se ruinent aussi, en travaillant toujours. C'est le vice organique de tout notre système manufacturier : produire sans certitude de débouché, naviguer sans boussole, marcher sans savoir où l'on va, et ne pouvoir s'arrêter sans danger. Quelle perspective !

J'ai interrogé avec une sollicitude extrême les principaux chefs de toutes les industries importantes de ce département, et les ouvriers les plus consciencieux : les uns et les autres sont d'accord sur la réalité du mal, et ils ne diffèrent d'avis que lorsqu'il s'agit d'en apprécier les véritables causes, et surtout d'en trouver le remède. Bientôt le Gouvernement publiera les résultats de la grande enquête ordonnée par le décret du 25 mai 1848, et l'on verra quel concert unanime de doléances s'est élevé de toutes parts sur le malaise des travailleurs, dans les départements réputés les plus florissants. Écoutez l'industrie du tissage, et vous jugerez du trouble soudain qu'y a jeté l'invasion de la navette volante et celle des fils à la mécanique. Demandez aux habiles manufacturiers de Roubaix, qui ont si rapidement et si ingénieusement transformé leurs métiers à calicots en métiers à *stoff*, ou à satins de laine, sur quelle base repose l'avenir de leur fabrication : ils répondront qu'il suffit d'une saison pluvieuse pour jeter la défaveur sur un article qui leur aura coûté des prodiges d'intelligence et de goût. Interrogez les fabricants de batistes, naguère si recherchées, si parfaitement travaillées dans le département du Nord ; et vous apprendrez avec tristesse que cette belle et gracieuse industrie française disparaît peu à peu, frappée, comme les autres, d'une irrémédiable langueur.

La fabrication des tulles de coton et celle des dentelles de fil s'affaissent également, quoique soumises à deux régimes opposés, le premier tout mécanique, le second tout manuel. Il n'est pas jusqu'à l'industrie ancienne des *filtiers* ou producteurs de fils à coudre qui ne souffre à son tour, et qui n'exhale des plaintes amères, du sein de la ville de Lille, contre la concurrence meurtrière que lui fait la campagne. Ce n'est plus au Gouvernement cette fois, ni à la contrebande, ni à l'insuffisance des droits protecteurs, que les filtiers s'en prennent de la détresse qui les accable : c'est à deux petits villages, Comines et Wervick, Français comme

eux, qu'ils attribuent la baisse de leurs salaires.
On peut voir dans leurs cahiers de remontrances
les mesures étranges qu'ils proposent contre ces
deux innocentes localités, dont le seul tort est
de produire à meilleur marché que la ville de
guerre.

Que dire de l'état présent des industries purement agricoles, telles que les sucreries de
betterave, les huileries de graines, les distille-
ries, les féculeries, toutes en proie au mal qui
dévore les autres branches du travail manufacturier? A la vue de ces perturbations profondes,
on ne sait si nous entrons dans une période de
transformation ou de décadence; on ne sait s'il
faut considérer cette crise comme la conséquence naturelle d'une organisation vicieuse de
l'industrie française, ou comme un simple contre-coup des graves événements qui se sont ac-
complis depuis une année. De quelque manière
qu'on l'envisage, ce terrible problème se pose
toujours le même, quoique avec des données
différentes, sur tous les points du territoire;
mais, dans le département du Nord, il est principalement remarquable par le contraste de toutes les chances de prospérité qui semblaient de-

voir lui assurer une autre solution. Le département du Nord est sillonné de routes, de canaux et de chemins de fer : il possède les plus riches mines de houille ; il communique avec l'étranger par deux frontières, une de terre, et l'autre de mer ; son sol est le meilleur de France ; et cependant l'indigence désole ce beau pays, et nous y verrons bientôt des misères à nulle autre pareilles, dont on ne peut, sans effroi, sonder la profondeur.

C'est surtout dans l'enceinte des murs de Lille que sont concentrées toutes les douleurs morales et toutes les difficultés économiques du système manufacturier. La ville de Lille est une place de guerre, dont la population s'est accrue d'une manière disproportionnée à l'espace qu'elle occupe. C'est la cité de Flandre qui a conservé le plus de traditions de bienfaisance, et elle a été renommée de tous temps pour l'activité de ses institutions charitables. Les sympathies héréditaires de ses habitants pour la classe ouvrière y ont créé une sorte de droit commun au partage des subventions municipales, dont le reste des travailleurs du département est exclu. Cette considération y a retenu et augmenté la

population, en lui assurant, sous forme de secours réguliers, un véritable supplément de salaire qui empêche les plus malheureux d'émi-
grer, de peur de perdre, faut-il le dire ? leur
place à l'hôpital, ou leur tour aux distributions
de vêtements et de vivres. On y compte un indigent sur trois habitants.

Si maintenant on considère que les trois
grandes industries de cette ville, celle du coton,
qui emploie 15,000 personnes, celle du lin, 4
ou 5,000, et celle des *filtiers* ou retordeurs de
fil à coudre, qui en occupe près de 8,000, sont
précisément les plus exposées aux crises industrielles, il sera facile de prévoir à quelles extré-
mités peuvent être réduites les populations qui
les exercent. Ainsi les trente-quatre établissements cotonniers de Lille, qui faisaient mouvoir,
au mois de février 1848, 239,445 broches en
fin et 159,000 à retordre, n'en avaient plus, au
mois de juillet suivant, que 21,558 travaillant
onze heures par jour, 43,397 travaillant neuf
heures, 160,774 travaillant six heures, et
163,724 inactives! Un chômage complet avait
paralysé l'industrie du tulle, et nous avons vu
des centaines de pauvres femmes qui ne pou-

vaient pas gagner plus de 25 centimes, en travaillant pendant quinze heures par jour à faire de la dentelle.

Toutes ces industries sont tellement solidaires qu'il suffit d'un temps d'arrêt chez une seule, pour qu'elles s'arrêtent toutes. Dès que la filature de coton est réduite à diminuer son œuvre, aussitôt l'on voit cesser celle des mécaniciens, des constructeurs en bois, en fer et en cuivre, des couvreurs de cylindres, des ferblantiers, des corroyeurs, des manneliers, des cordiers, des fabricants de cardes et d'une foule d'autres, qui, ne pouvant plus se livrer à leurs consommations habituelles, entraînent dans leur détresse une armée de petits détaillants. Les fabrications les plus invulnérables en apparence ne sont pas plus exemptes que les autres du contre-coup de ces chômages. C'est ainsi que l'industrie du fil à coudre était réduite de plus de moitié à Lille, à la suite des malheurs qui avaient frappé, en 1848, toutes les branches manufacturières du pays. Par quelles mystérieuses corrélations la tempête avait-elle pu atteindre cette fabrication modeste d'un produit indispensable? On avait donc *cousu* moitié moins que de coutume, et la crise avait donc pénétré jusqu'aux plus intimes occupations du foyer domestique ! Quelles leçons pour les économistes et pour les hommes d'État, dans ces simples rapprochements ! Que de malheurs s'expliquent et pourraient être prévus par une observation intelligente et analytique des faits !

On en jugera par l'exposé succinct de la constitution peu connue d'une des principales industries de la ville de Lille, celle des filtiers ou fabricants de fils à coudre. Cette industrie a été longtemps florissante, et, quoiqu'il n'y soit survenu aucune des révolutions qui ont bouleversé la filature et le tissage du coton en les perfectionnant, elle souffre aujourd'hui du désordre qui les afflige, et son produit total est tombé de 11 millions à moins de 5, en une seule année. Déjà même, avant les événements qui ont laissé de si cruelles traces de leur action sur toutes nos fabriques, cette industrie était en proie aux abus qui les désolent toutes, et qui les menacent de crises perpétuelles. Elle offrait le tableau plein d'intérêt d'une lutte intestine, éminemment capable de refroidir le zèle des réformateurs, qui supposent qu'on peut régler,

8.

par des formules générales et par des tarifs officiels, les salaires du travail. Y a-t-il rien de plus simple, en apparence, que de retordre du fil de lin ou de coton, pour le rendre propre à l'aiguille ?

Cependant, cette industrie si patriarcale est une de celles où se rencontrent réunis au plus haut degré les avantages et les inconvénients de la division du travail. On y compte une armée d'ouvriers spéciaux, tous jaloux de leurs prérogatives, tous intéressés à la solution de plusieurs petites questions d'une importance vitale pour leurs familles, et dont le sujet même est inconnu comme leurs noms. Qui sait en effet, hors des murs de Lille, ce que c'est qu'un *étriqueur*, un *empercheur*, un *chevilleur*, un *partisseur*, un *lustreur*, un *bobineur*, un *moulineur au frais*, un *balanceur*, et un *plieur à la baguette ?* Eh bien, il n'y a pas un seul de ces hommes qui ne soit mécontent de son salaire, et qui ne m'ait fourni un mémoire consultatif à l'appui de ses réclamations. Une augmentation de 1 centime serait, pour quelques-uns d'entre eux, le maximum de l'ambition ; d'autres bornent leurs vœux à 15 centimes pour une ligature dans le pliage, et à 20 centimes pour deux. Ce centime supplémentaire, c'est quelquefois la vie ou la mort d'un enfant, c'est la possibilité d'acheter une paire de sabots, un verre de lait, un peu de bois de chauffage.

Voici le budget d'un de ces braves gens, tel qu'il l'a rédigé lui-même dans une année heureuse : « Je suis chevilleur ; je gagne 2 fr. par jour. Ma femme est dentellière, et gagne 10 à 15 centimes par jour. J'ai quatre enfants. L'aînée a dix ans ; elle va en classe chez les sœurs de la Présentation. Les plus jeunes vont à la salle d'asile. On mange 24 kilogrammes de pain bis par semaine, à 22 centimes 1/2 le kilogramme.  5  40

« La viande est trop chère ; nous ne mangeons que des débris trois fois par semaine, à 25 centimes. . . . . . . . . . . . . .  »  75

« Il n'y a que moi qui mange du beurre, à raison de 250 grammes par semaine. .  »  50

« Ma femme et mes enfants mangent de la mélasse ou des fruits avec leur pain. »  80

« Nous consommons des pommes de terre et des haricots pour. . . . . . . . . . . .  1  »

*A reporter . . .*  **8  45**

Report. . . . 8 45

« Du lait, une demi-pinte par jour... » 35

« Le *loyer d'une cave* à 3 mètres au-
dessous du sol..................... 1 50

« Du charbon; cette consommation est
un peu forte, parce qu'il faut faire sécher
le linge au feu.................... 1 35

« Savon et éclairage............. 1 10

　　　« Total pour la semaine..... 12 75

« Nous recevons, au bureau des secours, 3
kilogrammes de pain bis tous les quinze jours.
Ma fille aînée reçoit aux vacances, chez les
sœurs, soit un mouchoir, soit une chemise;
les trois petites reçoivent à la salle d'asile, tous
les ans, à Noël, une robe de molleton, une
chemise, quelquefois des bas. Malgré cette faveur, et malgré notre travail, ajoute ce brave
ouvrier, sous peine d'être nus, nous vivons en
mendiants; et la loi le défend. »

Telles sont les doléances de l'un des soldats
de ce corps peu connu des financiers, qui compte
tant d'armes différentes; et cette histoire est
celle de ses beaux jours. J'aurais pu faire aussi,
d'après nature, l'histoire de tous les autres, et

démontrer à quel point tant d'hommes laborieux vivent d'une vie précaire, même dans les
temps de calme et d'occupation. En étudiant
avec attention ces exposés fidèles, on devinerait
aisément à quelles rudes épreuves les filtiers
doivent être condamnés aux époques du chômage : nous les retrouverons bientôt dans ces
mauvais moments. Mais ce qu'on ne sait pas
assez, c'est que les chefs de ces industries jadis si sûres, aujourd'hui si périlleuses, ne
jouissent pas de plus de sécurité que leurs ouvriers, et que la concurrence leur impose trop
souvent des conditions incompatibles avec leur
intérêt et même avec leur honneur.

Astreints à déférer aux ordres de leurs commettants, ils sont forcés de subir des commandes capricieuses et souvent frauduleuses, parce
que les dimensions de longueur des écheveaux
et la longueur des tours varient à l'infini. Nulle
division métrique régulière et constante n'y
garantit la sûreté des acheteurs et la loyauté
des livraisons, de sorte que les fabricants ne
peuvent faire sans péril des approvisionnements
préparés sur des mesures fixes et authentiques.
Ils se ruineraient par leur probité même, et ils

sont obligés de vivre au jour le jour, pressés quand on fait des demandes, désœuvrés quand on n'en fait pas. Cette industrie a donc été livrée au hasard, qui les gouverne à peu près toutes aujourd'hui ; et quoique ses débouchés reposent sur la consommation qui paraît la plus certaine, on l'a vue cette année tomber au-dessous de celle des articles de luxe, et frappée au cœur comme la fabrication du tulle et des dentelles.

La filature et le tissage du lin n'ont pas éprouvé des vicissitudes moins cruelles, et c'est dans l'histoire de cette grande et récente industrie que la science trouverait les plus graves sujets de méditation. Avant la découverte de la filature mécanique du lin, dont la ville de Lille a vu s'élever dans ses murs les premières fabriques, la matière première des toiles était filée à la main et tissée dans les campagnes, principalement en Flandre et en Bretagne, où elle utilisait les longues veillées de la chaumière dans la mauvaise saison. En moins de vingt années, la mécanique a privé de travail les 200,000 femmes qui filaient le chanvre et le lin. Le rouet et la quenouille ont été remplacés par des appareils formidables établis dans de véritables arsenaux, à la fondation desquels ont concouru des sociétés puissantes. La protection de l'État et des douanes ne leur a pas manqué ; et ces usines étaient à peine nées, qu'elles succombaient déjà de toutes parts, comme frappées par la foudre, ou lentement minées par un mal intérieur.

Quel est ce mal ? Et qu'est-il advenu de ces brillantes créations dont notre pays était naguère si fier ? D'immenses capitaux y ont été engloutis, sans profit pour les actionnaires, sans avantages définitifs pour les ouvriers. L'immuable nécessité de ces entreprises était de produire sans relâche pour ne pas perdre l'intérêt de leurs avances, et de travailler sur une grande échelle pour produire avec économie. Elles ne faisaient d'ailleurs que déplacer le travail de la campagne pour l'attirer dans les villes, et accroître ainsi la somme de misère inhérente aux vastes agglomérations d'hommes. Il suffit d'y avoir pénétré une fois, pour juger de leur influence matérielle sur la santé des ouvriers. En dépit du luxe et de l'habileté qui ont présidé à leur construction, ces filatures offrent toujours, dans quelques-unes de leurs dispositions, tous les extrêmes de la fatigue humaine, des ateliers où la poussière obscurcit l'air et dessèche les poumons ; tandis que dans les ateliers voisins les ouvriers se débattent contre l'inondation, la vapeur et l'humidité. Heureux si, même au prix de ces inévitables rigueurs, ils étaient assurés d'une tâche régulière, et protégés contre les chances du chômage !

Mais l'expérience a prouvé que les demandes de la consommation ne pouvaient suffire à la fièvre de production qui est la loi fatale de ces usines ; elles n'ont pas tardé, en effet, à entraîner l'ouvrier lui-même dans l'orbite de leur parcours orageux ; et nous avons vu l'association des plus habiles ingénieurs, des plus riches capitalistes et des ouvriers les plus intelligents, n'aboutir qu'à des liquidations désastreuses, après avoir grevé le budget de la misère partout où elles ont été établies. La société n'a recueilli jusqu'ici de ces tentatives hardies que la baisse du prix des toiles, faible compensation aux sacrifices de toute sorte qui lui sont imposés par la nouveauté inquiétante d'une telle situation.

Ainsi la ville de Lille ne possède pas une industrie importante qui ne soit exposée à quelques chances de perturbation. Le développement de ces diverses fabriques, comprimé dans l'étroite enceinte de ses murs, y a donné naissance à des complications d'une nature spéciale, qui aggravent au plus haut degré le sort des classes ouvrières. Chacun sait que, par suite d'un usage immémorial, une portion considérable de la population manufacturière de cette ville habite dans des caves situées à deux ou trois mètres au-dessous du sol, et sans communication avec les maisons dont elles font partie : ces caves ne reçoivent d'air et de jour que par la porte de l'escalier qui y conduit, et qui donne sur la rue; leur étendue est rarement de deux mètres à deux mètres et demi de hauteur sur cinq mètres de côté, et il y en a une infinité qui ont des proportions beaucoup moindres. Notre honorable confrère, M. Villermé, a caractérisé avec une triste concision le sort des malheureux qui les habitent, en disant « que pour eux le jour arrive une heure plus tard que pour les autres hommes, et la nuit une heure plus tôt. »

Cette population de parias ne se retrouve dans aucune autre ville de France, et elle sem-

9

ble vouée à des misères inconnues même de
l'état sauvage. C'est un spectacle vraiment effrayant que celui de ces ombres humaines, dont
la tête arrive à peine à la hauteur de nos pieds,
quand le demi-jour qui les éclaire permet de
les apercevoir du haut de la rue. Mais nulle
plume ne saurait décrire avec une exacte vérité, pour qui s'est hasardé à y descendre, l'é-
pouvantable aspect de ces asiles, capables de
faire envier aux hommes les repaires des hôtes
de nos forêts. J'ai visité presque toutes ces caves à plusieurs reprises, tantôt accompagné
d'un médecin qui en connaissait tous les habitants, tantôt avec les autorités de la ville, épou-
vantées des découvertes déchirantes qu'elles faisaient en y entrant. Il faut que la France entière
sache ce qui se passe dans ce monde souterrain,
et nous allons le lui dire.

Le quartier principal de la misère lilloise,
celui de Saint-Sauveur, n'est pas le seul où il
existe des caves ; mais c'est celui où il en existe
le plus, et dans lequel toutes les combinaisons
semblent avoir été réunies pour l'insalubrité.
C'est une suite d'îlots séparés par des ruelles
sombres et étroites, aboutissant à de petites

cours connues sous le nom de *courettes*, servant tout à la fois d'égouts et de dépôts d'immondices, où règne une humidité constante en
toute saison. Les fenêtres des habitations et les
portes des caves s'ouvrent sur ces passages infects, au fond desquels une grille repose hori-
zontalement sur des puisards qui servent de
latrines publiques le jour et la nuit. Les habitations de la communauté sont distribuées tout
autour de ces foyers pestilentiels, dont la misère locale s'applaudit de tirer un petit revenu.
A mesure qu'on pénètre dans l'enceinte des
*courettes*, une population étrange d'enfants étiolés, bossus, contrefaits, d'un aspect pâle et ter-
reux, se presse autour des visiteurs, et leur demande l'aumône. La plupart de ces infortunés
sont presque nus, et les mieux partagés sont couverts de haillons.

Mais ceux-là, du moins, respirent à l'air libre ; et c'est seulement au fond des caves que
l'on peut juger du supplice de ceux que leur
âge ou la rigueur de la saison ne permet pas
de faire sortir. Le plus souvent, ils couchent
tous sur la terre nue, sur des débris de paille
de colza, sur des fanes de pommes de terre des-

séchées, sur du sable, sur les débris même péniblement recueillis dans le travail du jour. Le gouffre où ils végètent est entièrement dépourvu de meubles; et ce n'est qu'aux plus fortunés qu'il est donné de posséder un poêle flamand, une chaise de bois et quelques ustensiles de ménage. « *Je ne suis pas riche*, *moi*, nous disait une vieille femme en nous montrant sa voisine étendue sur l'aire humide de la cave; mais j'ai ma botte de paille, Dieu merci! »

L'industrie de ces femmes consiste à ramasser dans les rues des épluchures de légumes dont elles essayent d'extraire un peu de nourriture, ou à recueillir des cendres pour les tamiser et les vendre, après s'en être servies en guise de *matelas*. J'en ai vu qui brûlaient de vieilles chaussures de cuir, faute de combustible, et qui ajoutaient cette infection à l'infection naturelle du logis. Une odeur inexprimable s'échappait de ces foyers, autour desquels se tenaient accroupis des enfants souvent entassés trois par trois dans de vieux paniers ronds, où ils représentaient assez bien, au bonheur près, de véritables nids d'oiseaux. Le père de famille habite rarement ces tristes demeures; il se hâte de les fuir au lever du jour, et n'y revient que fort tard vers la nuit. La mère seule, par sa tendresse vigilante, brave l'horreur d'y vivre, pour assurer la vie de ses enfants.

Que dirai-je de plus? Il est des tableaux dont il faut être sobre ; mais il en est aussi qu'il faut remettre sans cesse sous les yeux des hommes, comme un avertissement et un appel au devoir. A l'heure où nous parlons, plus de 3,000 de nos concitoyens vivent de cette horrible existence dans les caves de la ville de Lille, si justement renommée par l'esprit charitable et chrétien de ses habitants. Oui, il y a des femmes qui ne mangent pour toute nourriture que deux kilogrammes de pain noir par semaine, et si maigres, que leur corps est presque diaphane; il y a des milliers d'enfants qui naissent seulement pour mourir d'une longue agonie. Le docteur Gosselet, médecin distingué de Lille, qui a publié le chiffre des victimes de ce martyrologe, s'écrie en finissant : « Il y a donc chez nous autre chose que la misère, pour causer de telles pertes au début de la vie! A ce fléau il faut une barrière ; il faut qu'en France on ne puisse pas

9.

dire un jour que sur 21,000 enfants il en est mort, *avant l'âge de cinq ans*, 20,700 ! »

Cette effrayante mortalité et les misères ineffables du quartier Saint-Sauveur ont excité de tout temps la sollicitude des autorités lilloises ; et la réforme des caves, qui en sont la cause principale, a été poursuivie avec persévérance. La chambre de commerce s'en est occupée sans relâche, et elle attend avec impatience l'adoption législative du projet en vertu duquel les administrations municipales seront investies du droit d'expropriation. Il n'y a, en effet, qu'un moyen de résoudre la question des logements, et de mettre un terme aux calamités de tout genre qu'elle traîne à sa suite : c'est d'interdire l'habitation des caves, et de préparer les voies à un système d'assainissement général, obligatoire, et sévèrement surveillé. Il est triste de dire aussi que tous les efforts des manufacturiers et des magistrats de Lille ont échoué devant la résistance opiniâtre des habitants des caves ; mais c'est surtout en pareille matière que la fermeté mène au but, et que des règlements de police, vigoureusement exécutés, changeraient en peu de temps l'état des choses. On pourrait citer à ce sujet une excellente ordonnance du dernier préfet de police, M. Gervais (de Caen), sur la salubrité des hôtels garnis fréquentés par les ouvriers de Paris.

Je crois devoir placer, en regard de ces sombres tableaux de l'état économique et social de la ville de Lille, le résultat d'une décision économique qui s'y rattache, celle de la suppression du travail des détenus dans les prisons. Le jour même où je finissais la visite des caves de la rue des Étaques, de la cour Ghâ, de la cour du Sauvage, de la place aux Oignons, et des autres fosses à hommes de cette industrieuse cité, je fus admis à parcourir la maison centrale de Loos, occupée par 18 ou 1,900 prisonniers des deux sexes. Quel contraste ! et quel air d'aisance respiraient ces beaux lieux ! On se serait cru dans un palais. Une propreté exquise régnait dans tous les corridors. Les lits étaient rangés en ordre dans les dortoirs, pourvus de bonnes couvertures, bien aérés ; les salles de réunion bien éclairées, bien chauffées. Les détenus étaient vêtus d'uniformes tout neufs, chaussés d'excellents sabots doublés de bas de laine ; et, sans la garde armée qui veillait à leur porte, on aurait pu les prendre pour un couvent de moines.

Ils en avaient presque tous l'embonpoint. L'inaction à laquelle on les avait contraints les avait tellement engraissés, qu'on leur faisait faire chaque jour, dans l'intérêt de leur santé, une promenade régulière dans des préaux couverts. Rien ne manquait à la cuisine et dans les magasins, tous bien approvisionnés d'aliments sains, et servis avec une exactitude parfaite. Ma pensée se reportait involontairement vers les malheureux habitants du quartier Saint-Sauveur, où j'avais vu, quelques moments auparavant, des mères de famille honnêtes, et plus d'une sublime peut-être, réduites à chercher, dans des débris immondes, une nourriture malsaine que le travail ne leur assurait pas toujours. La suppression du travail des prisonniers n'avait pas sauvé la part de travail des autres, et il restait toujours cette affligeante question à résoudre : La sollicitude publique ne commence-t-elle à s'étendre sur le citoyen que lorsqu'il en est indigne, et l'État n'a-t-il des entrailles que pour les gens qui troublent son repos ? Enfin, faut-il beaucoup plus d'intelligence pratique pour mettre un terme aux misères de la rue des Étaques, que pour maintenir l'ordre et l'abondance dans la prison de Loos ?

Poser ainsi la question, ce n'est pas la résoudre assurément ; mais c'est en démontrer la gravité. Voici, en réalité, le fait nouveau, le fait capital du système manufacturier de nos jours : Partout où s'élève une grande usine, la population ouvrière se groupe autour d'elle, s'accroît d'une façon désordonnée, se loge mal, se nourrit mal, et se trouve assujettie à toutes les chances d'instabilité des profits et des salaires. La concurrence qui s'établit entre les chefs d'usine, et celle que ne tardent pas à se faire les ouvriers, diminue forcément les profits des uns et les salaires des autres. Supposez l'explosion d'une crise ou d'une révolution, l'ignorance exploitée par les passions politiques, la suppression des débouchés accoutumés de l'usine, l'accroissement des impôts, que devient le sort de l'ouvrier ? Pour apprécier la part de responsabilité qui appartient à chacun, c'est au point de départ qu'il faut étudier la marche rapide des conséquences économiques et morales de cet état nouveau.

Le point de départ pour l'entrepreneur, c'est le choix du lieu, du moment, et de la spécialité de l'usine ; pour l'ouvrier, c'est son aptitude, son éducation, son entrée dans l'atelier. Convient-il de laisser indéfiniment à l'arbitrage de chaque fondateur de fabrique le droit implicite d'entasser, dans une ville de guerre telle que Lille, des populations que l'intérêt de la morale, de l'ordre et de l'humanité commanderait plutôt de faire refluer vers les campagnes ? Est-il prudent de laisser errer à l'aventure le flot des ouvriers, quand ce flot, bien ou mal dirigé, peut répandre sur un pays la richesse ou la désolation ? La société n'a-t-elle rien à apprendre à ces ouvriers, sur le meilleur emploi de leur intelligence et de leurs aptitudes ? Quand on observe la différence qui existe entre la condition de ceux de Lille et de Roubaix, par exemple, ou de Dunkerque ou d'Anzin, et qu'on compare le sort des travailleurs du midi à ceux du nord de la France, ainsi que nous le ferons bientôt, quels éclairs ne voit-on pas jaillir de cette nuit encore si sombre et si effrayante?

Mais l'enseignement devient plus significatif et plus concluant aussitôt qu'on sort de Lille et qu'on pénètre dans ses faubourgs. On dirait que la condition du travailleur s'améliore aussitôt qu'il a franchi le dernier pont-levis. On rencontre déjà beaucoup moins d'hommes ivres de cette ivresse alcoolique, au regard fixe et hébété, aux lèvres contractées et brûlées, qui caractérise l'intempérance des villes manufacturières du nord. Les enfants ont meilleure mine; les femmes sont mieux vêtues, et leur physionomie n'offre plus ces types abrutis et désespérés de la population des caves. Les logements sont généralement sains et habitables. Dans beaucoup de villages de la banlieue, plusieurs fabricants, jaloux d'assurer le bien-être de leurs ouvriers, ont fait construire pour eux des maisons simples et commodes, et les leur ont louées à des prix très-modérés. Nous en avons beaucoup vu qui étaient déjà pourvues d'un mobilier complet, et où régnaient l'ordre et la propreté. A Roubaix, il y a des rues entières ainsi bordées de pavillons contigus et indépendants, tous occupés par des fileurs ou des tisseurs, entourés de leurs familles, et vivant au milieu d'elles dans une véritable aisance. Nous avons retrouvé la même physionomie à Anzin, où la sollicitude d'une compagnie intelligente et puissante a presque résolu, en ce qu'il a de praticable, le problème de la combinaison des efforts au profit de tous les intérêts de la communauté laborieuse.

Il est pourtant difficile de se défendre d'un secret sentiment d'inquiétude, en parcourant les fabriques d'une ville aussi rapidement improvisée que celle de Roubaix, et dont la population a doublé depuis moins de vingt-cinq ans. On n'y voit partout que de vastes usines bâties en briques, à la manière anglaise, et, comme elles, vouées aux périls de la fabrication illimitée. Grâce au génie inventif de leurs chefs, ces manufactures ont subi en temps propice les transformations nécessitées par les circonstances; mais pourront-elles se plier toujours aux exigences capricieuses de la consommation, et traverser sans encombre des temps aussi agités que les nôtres? Les hommes qui ont assisté aux formidables grèves, volontaires ou forcées, des premiers mois de l'année 1848, se souviendront longtemps des processions d'ouvriers sans travail que la révolution avait livrés à eux-mêmes. L'existence de plusieurs milliers d'hommes repose dans ce pays sur un travail qui peut manquer d'un jour à l'autre, et que le moindre perfectionnement de concurrence, ne fût-ce que dans l'industrie des contrebandiers, réduirait en peu de mois à des proportions désastreuses. Que deviendrait cette ville nouvelle, avec ses 30,000 habitants, presque tous fileurs ou tisseurs, si, par un de ces revirements si fréquents dans le système manufacturier, les tissus de laine et les étoffes mélangées étaient frappées tout à coup de quelque rivalité sinistre?

C'est là surtout qu'est le péril, quoiqu'il soit le même à peu près partout aujourd'hui. Le département du Nord expie en ce moment sa grandeur et sa richesse, comme toutes les puissances. Il a soumis son agriculture même aux vicissitudes de l'industrie, en la faisant industrielle. La fabrication du sucre de betterave a attaché à ses flancs le vautour qui ronge le cœur de nos colonies, la terreur du sucre étranger, les malédictions de la navigation au long cours. L'herbe qui pousse dans les rues de Dunkerque est entretenue par les usines qui fabriquent du sucre à Valenciennes. En dépit des droits protecteurs et de la défaite du sésame, les huileries de graines de la plaine de Lille sont en décadence, et les moulins à vent s'en vont.

Ainsi tout est artificiel et précaire dans ce beau département, excepté ses richesses naturelles. Un article de loi favorable aux justes réclamations du Midi peut frapper d'un coup terrible ses manufactures de coton et de lin. L'admission des sucres étrangers sans surtaxe peut anéantir ses sucreries de betterave; la libre entrée du sésame peut arrêter le développement de ses huileries de colza. Un jour viendra bientôt où, l'expérience confirmant les théories et les prévisions de la science économique, la France voudra savoir ce que lui ont coûté les lois d'exception qui entravent l'essor de sa navigation et de son commerce : le département du Nord pourra fournir de précieux éléments à cette étude; car c'est de son sein que sont parties les protestations les plus passionnées en faveur du système restrictif. Il n'y a pas un seul document émané des chambres de commerce, pas une doléance de fabrique, pas un exposé officiel qui ne renferme à cet égard des vœux très-expressifs.

Mais la tendance actuelle de toutes les branches d'industrie est de vivre sous un régime libre, et les priviléges de manufactures touchent à leur fin comme tous les autres. Il est permis de demander, à la vue des misères de Lille et des pays d'industrie protégée, si ce n'est pas réellement au système prohibitif qu'il convient d'attribuer l'existence précaire et misérable de populations ouvrières et les luttes de la concurrence intérieure, qui les déciment chaque jour par la réduction du salaire, en même temps qu'elles ruinent les entrepreneurs par la suppression des débouchés. Quelle protection plus efficace que la prohibition absolue pouvait assurer la prospérité de l'industrie cotonnière? Et, cependant, c'est celle où les ouvriers sont le plus malheureux. La filature et le tissage du lin, la fabrication du fer, et jusqu'à l'extraction de la houille, sont protégés par des taxes qui pèsent sur le peuple français; et, dans chacune de ces industries, la condition des ouvriers est

en raison inverse du degré de protection accordé à l'industrie elle-même.

De toutes les villes du département du Nord,
celle dont l'esprit s'est maintenu le plus libre
au plus fort de la tourmente révolutionnaire,
est la ville de Dunkerque. Quoique frappée d'une
manière cruelle par la destruction du cabotage,
depuis le mois de février 1848 sa population ouvrière n'a pris aucune part aux saturnales économiques de l'époque, et n'a jamais failli un seul instant aux traditions d'honneur et de bon sens qui
distinguent les pays maritimes. On y prenait en
pitié les orateurs qui spéculaient sur la misère
et l'ignorance des ouvriers lillois, pour les exci-
ter à la révolte. Tout le monde a souffert, sans
doute ; mais, dans leur détresse même, les ouvriers de Dunkerque sont restés fidèles à leurs
vieilles habitudes d'ordre et de résignation. J'ai
parcouru les demeures d'un grand nombre d'entre eux, et visité beaucoup de veuves et d'orphelins *de la mer* : il régnait parmi eux une
grande misère ; mais le courage des femmes de
marins est d'une trempe peu commune, et cette
noble race luttait avec fierté contre des douleurs

qui auraient accablé les hommes les plus éner-
giques dans toute autre cité.

La population du département du Nord se di-
vise, comme les diverses branches de son industrie, en trois grandes catégories : les ouvriers
de l'agriculture, ceux de la fabrication et ceux
de la navigation, qui tous ont souffert, à des degrés différents, de la crise que nous venons de
traverser. Les plus disgraciés sont assurément
ceux des manufactures de fil et de coton, soit
en ateliers séparés, soit en ateliers réunis, puis
ceux des fabriques de laine. Partout on retrouve
au premier rang des industries souffrantes les
filateurs et les tisserands : ce fait est désormais
acquis aux discussions économiques. C'est parmi
eux que le vice recrute ses victimes dans les
deux sexes ; c'est parmi eux que le plus grand
nombre des enfants manque à l'appel des insti-
tuteurs. Ainsi, tandis qu'à Dunkerque, ville de
marins, sur 650 garçons et 815 filles qui vont
à l'école, on ne compte que 150 absents, un peu
moins du dixième ; à Lille, à peine le quart des
enfants fréquente-t-il les écoles : les uns, parce
qu'ils sont prématurément occupés dans les fa-

8.

briques, contrairement à la loi; les autres, aveu pénible à faire, parce qu'ils ne sont pas assez vêtus pour sortir de leurs caves.

On peut considérer dès aujourd'hui comme règle générale, comme une véritable loi économique, la marche décroissante du salaire dans les industries que nous venons de citer. Plus ces industries sont condamnées à produire pour se soutenir, plus les chances de perte sont grandes pour les entrepreneurs, et celles de chômage ou de réductions pour les ouvriers. Ceux-ci, ne trouvant plus dans leur travail une existence régulière, finissent par tomber dans un abattement moral, qui affaiblit peu à peu leurs meilleurs sentiments, le lien conjugal, le dévouement paternel, le respect de soi-même. On les voit se défaire successivement des objets les plus précieux de leurs ménages, et trop souvent de leurs vêtements même, pour vivre et faire vivre leurs enfants; puis, ces faibles ressources disparaissant aussi, les enfants sont abandonnés à leur tour. Le père devient étranger à sa propre demeure; il cherche à s'étourdir dans l'ivresse, et finit par tomber dans l'abjection. On en voit qui vivent cyniquement aux dépens de leurs femmes et de leurs enfants, que la fatalité du système manufacturier leur a fait préférer par les chefs de l'industrie, parce que leur salaire est moins élevé, et qui ne rentrent au logis que pour consommer sans pudeur le peu que la famille a gagné.

Hâtons-nous d'ajouter qu'il n'en est pas ainsi des autres industries, et qu'elles offrent généralement une carrière plus tranquille aux ouvriers qui les exercent. Il en est un grand nombre où ces ouvriers peuvent même acquérir une aisance réelle, et s'élever, par l'ordre et par l'économie, aux jouissances de la propriété. Les mécaniciens, les constructeurs, les charpentiers, les artisans employés au travail régulier des services dont la société éprouve le besoin continuel et périodique, et ils sont heureusement presque partout en majorité, prennent chaque jour leur part du progrès général de la civilisation française. C'est en eux que réside la principale force productrice du pays, la plus indépendante des crises de l'industrie, la plus morale, la plus éclairée. Celle-là tend sans cesse à monter; les ouvriers de l'industrie mécanique tendent au contraire à descendre. Nous

exposerons à la fin de ce rapport, lorsque le
moment sera venu de faire des réponses caté-
goriques aux questions du programme rédigé
par l'Académie, les causes essentielles de ce
double mouvement, et ses conséquences proba-
bles. Nous nous bornons à constater que le
*mal de l'industrie* est circonscrit, et que la
santé règne habituellement en dehors de ces
grands lazarets qu'on appelle des manufactures
de fil et de coton.

L'examen attentif de toutes les branches de
la production dans le département du Nord dé-
montre jusqu'à l'évidence cette vérité consolante. A mesure qu'on s'éloigne du foyer spécial des industries maladives, on voit pour ainsi
dire s'élever le thermomètre de l'aisance et de
la moralité. A Lille, par exemple, l'ouvrier des
faubourgs est déjà plus heureux et moins abruti
que celui de la ville. A Roubaix, à Tourcoing,
sa condition est encore meilleure; elle l'est davantage à Denain, à Anzin, où l'industrie consiste dans l'extraction de la houille et la fabrication du fer, moins exposées aux vicissitudes
de l'offre et de la demande. Elle serait excellente
à Dunkerque, si l'imperfection de notre législa-

tion économique, et les erreurs de notre politique, n'avaient successivement atteint la navigation coloniale, les armements maritimes, et
toutes les branches, jadis si prospères, de notre commerce extérieur. Nous n'avons cessé,
depuis la paix de 1815, de prodiguer les en-
couragements à l'industrie manufacturière, et
nous avons paru oublier qu'à l'aide de notre
agriculture et de notre commerce, nous pou-
vions vivre d'une vie moins factice et moins
orageuse. Les résultats brillants et passagers
obtenus à l'aide des sacrifices imposés à la nation, ont fait place aujourd'hui à des problèmes
redoutables qu'il faudra bien résoudre tôt ou
tard, car ils inquiètent la société tout entière.

N'est-ce pas, en dehors même des plus simples détails descriptifs, un fait grave et digne
de méditation, que la situation économique du
département du Nord? Quoi! le pays le plus
riche de France, celui où l'agriculture et l'industrie ont fait le plus de progrès, est celui où
la misère est la plus grande, où l'on compte un
indigent sur cinq personnes dans la campagne,
et un sur trois dans certaines villes! C'est en
vain que le génie industriel accumule métiers

sur métiers, perfectionnements sur perfectionnements, écoles sur écoles ; c'est en vain que
l'État aura prodigué ses ressources à doter ce
beau pays de canaux et de chemins de fer ; que
la nature lui aura donné les premières mines
de houille du territoire et le sol le plus fertile,
des villes populeuses pour consommer, presque
autant que d'usines pour produire : tout ce
magnifique déploiement d'intelligence et de la-
beur humains n'aurait abouti qu'à multiplier
le nombre des pauvres, et à créer cette misère
sans nom qui siége dans les caves de la rue des
Étaques et de la cour du Sauvage !

Non, non ! ce n'est pas là le dernier mot de
la Providence et de la civilisation. Les mêmes
puissantes mains qui ont improvisé des villes
comme Roubaix et Denain, et qui élèvent tous
les jours dans les airs les cheminées de tant d'u-
sines, sauront bien fermer quelque jour les
caves homicides de Lille. La volonté est aussi
une force. Ce contraste étonnant de tant de pauvreté au sein de tant de richesse deviendrait une
arme trop dangereuse aux mains de l'anarchie,
si les amis éclairés de l'ordre n'en faisaient pas
sortir des enseignements décisifs. Il y a évi-

demment un vice profond et caché sous ces dehors brillants. Il y a une grande loi économique méconnue qui ressortira, nous l'espérons, triomphante de la comparaison respective du travail dans le midi et dans le nord. Nous allons la voir se manifester à Lyon, dans cette glorieuse métropole de la première de nos industries, appelée à favoriser la transition de l'ancien au nouveau régime, et dont il est temps d'exposer aussi la physionomie originale et agitée.

# PETITS TRAITÉS

## PUBLIÉS PAR

# L'ACADÉMIE DES SCIENCES

## MORALES ET POLITIQUES.

———

## QUATORZIÈME LIVRAISON.

# PETITS TRAITÉS

PUBLIÉS PAR

# L'ACADÉMIE DES SCIENCES

## MORALES ET POLITIQUES.

———

# DES CLASSES OUVRIÈRES

## EN FRANCE,

### PENDANT L'ANNÉE 1848.

#### PAR M. BLANQUI,

DE LA SECTION D'ÉCONOMIE POLITIQUE ET DE STATISTIQUE.

### DEUXIÈME PARTIE.

*Paris*

PAGNERRE, LIBRAIRE, | PAULIN ET Cⁱᵉ,
RUE DE SEINE, 14. | RUE DE RICHELIEU, 60.

FIRMIN DIDOT FRÈRES, LIBRAIRES,
IMPRIMEURS DE L'INSTITUT,
rue Jacob, 56.

1849.

# DES
# CLASSES OUVRIÈRES
## EN FRANCE,
### PENDANT L'ANNÉE 1848.

### LYON ET SAINT-ÉTIENNE.

La question économique du travail dans la ville de Lyon se présente sous un aspect imposant et compliqué, qui ne ressemble à aucun autre. On n'y trouve point, comme dans les autres villes de fabrique, de ces grands établissements d'une forme architecturale particulière, où les ouvriers sont réunis en masses autour de métiers rangés dans de vastes salles communes, et appartenant à un entrepreneur unique ou à de riches compagnies. La règle sévère des communautés manufacturières est inconnue aux ouvriers lyonnais. L'industrie lyonnaise,

11

presque exclusivement consacrée au travail des soieries dans leurs produits les plus élégants et les plus variés, repose tout entière sur la base du foyer domestique, et le travailleur y jouit d'un degré d'indépendance bien rare dans les fabriques de tissus en Europe.

Chacun sait que, dans cette ville, il n'y a pas de fabricants proprement dits, mais seulement des commissionnaires habiles qui reçoivent les commandes des principales maisons de vente de France et de l'étranger, et qui se chargent spécialement du choix des dessins pour les étoffes et des matières premières destinées à leur confection. Tout ce qui a rapport à la mise en œuvre est le fait de l'ouvrier lyonnais, connu sous le nom de *chef d'atelier*, et propriétaire de cinq ou six métiers sur lesquels il travaille lui-même et fait travailler, sous ses ordres, des compagnons trop souvent nomades, qui lui payent une redevance pour la location du métier. L'ouvrier de Lyon est maître de débattre le prix de son œuvre et de l'exécuter en pleine liberté chez lui, à l'aide de sa femme et de ses enfants, ou de plusieurs compagnons de son choix. C'est un véritable contre-maître, pro-

*priétaire de son métier,* libre de travailler à ses heures, pourvu qu'il remette l'étoffe promise aux conditions qu'il a discutées et consenties.

L'entrepreneur et l'ouvrier sont donc, à Lyon, sur le pied d'une parfaite égalité, et il semble, au premier abord, qu'aucune circonstance fâcheuse n'aurait jamais dû altérer la bonne harmonie si naturelle entre eux. Loin de là, depuis un quart de siècle, nulle cité manufacturière en France n'a été déchirée par des dissensions plus terribles et n'a posé des questions plus difficiles aux économistes et aux hommes d'État. La ville de Lyon a été la première arène où le génie du désordre ait livré ces tristes batailles qu'on appelle *sociales* de nos jours, et qui ne sont autre chose que de funestes malentendus entre des intérêts également respectables. Trois fois, en moins de vingt années, ses murs ont été ensanglantés par des discordes civiles du caractère le plus sauvage et le plus acharné, et si l'ordre matériel a été rétabli par la force militaire, il s'en faut de beaucoup que l'ordre moral ait reparu dans les esprits, de manière à faire espérer que cette ville, naguère sans rivale, retrouvera bientôt le rang qu'elle a perdu.

La question de l'industrie lyonnaise n'a rien de commun avec celle de l'industrie cotonnière, telle que nous l'avons observée à Rouen et à Lille. La filature et le tissage du coton souffrent d'un malaise inhérent à leur constitution propre, au progrès de leur outillage, à la nécessité de travailler sans cesse, à la concurrence intérieure et extérieure. Leur mal est tout à fait technologique et matériel ; le mal de l'industrie lyonnaise est surtout moral. A Rouen et à Lille, c'est l'atelier qui démoralise l'homme ; à Lyon, c'est l'homme qui démoralise l'atelier. Les souffrances de l'industrie cotonnière ont quelque chose de fatal et d'inévitable, qui ne cessera complétement qu'avec cette industrie même ; le trouble de l'industrie lyonnaise est artificiel, entretenu par les ouvriers, et il disparaîtra quand ils le voudront ; mais ils sont plus éloignés que jamais de le vouloir.

Un court exposé statistique de la situation nous aidera beaucoup à en faire apprécier le véritable caractère. S'il est vrai que les questions ouvrières soient d'autant plus sérieuses qu'elles prennent racine dans des foyers de population plus nombreux, nulle cité ne mérite plus que la ville de Lyon, Paris excepté, l'attention des hommes compétents. Sur plus de 200,000 habitants, elle compte près de 40,000 ouvriers, en rapport de travail avec 500 maisons de commission, dont les chefs portent le nom de fabricants. Les matières premières sur lesquelles s'exerce l'industrie lyonnaise, les soies, sont d'un prix infiniment supérieur à toutes les autres. Tandis que le coton, le lin et la laine ne coûtent pas plus de 2 fr. à 15 fr. le kilogramme, la soie coûte près de 80 francs en moyenne, et représente même, avant d'être mise en œuvre, une valeur que la laine, le fil et le coton n'acquièrent que par le travail. S'il faut aux industries qui les emploient un plus fort capital engagé en bâtiments et en métiers, il faut à la fabrique de soie un capital circulant plus considérable en matières premières.

Une particularité spéciale à l'industrie des soieries, surtout à celle dont la fabrication est établie dans la ville de Lyon, c'est qu'elle se compose habituellement d'articles de nouveautés et de goût, soumis aux caprices de la mode et à toutes les variations de prix qui en sont la conséquence. Une étoffe nouvelle donne parfois

de grands bénéfices par le succès d'un dessin,
d'un effet d'armature ou d'une couleur bien ac-
cueillie, et puis elle tombe au rebut quand la
saison ou la mode en est passée. Les métiers ne
peuvent jamais être montés, sauf pour les unis,
pour une fabrication permanente et durable; et
la nécessité d'en changer souvent les dispositions au gré de la demande entraîne des frais
considérables et répétés. En même temps que
ces chances certaines de cherté attendent les
produits, une autre chance plus redoutable les
menace sans cesse : c'est l'incertitude du débouché presque tout entier *extérieur*, en ce qui
concerne les articles de Lyon. Ainsi la France
consomme près de la moitié des tissus de soie
fabriqués sur son territoire et pris en masse;
mais les cinq sixièmes de ceux de Lyon ne se
vendent que sur les marchés étrangers, où ils
ont à subir les représailles partout opposées aux
restrictions excessives de nos tarifs de douanes.

Il y a une sorte de concert à cet égard parmi
les nations étrangères, et qui vaut la peine d'ê-
tre remarqué, car il prouve une fois de plus que
notre législation économique, qui profite si peu
aux industries factices, est une des principales

causes du malaise de nos industries naturelles.
Partout, en effet, cette législation a fait proscrire ou charger de droits nos soieries : elles sont
prohibées en Autriche; elles supportent en Russie une taxe de 35 à 60 p. %; en Piémont,
30 à 40 p. %; aux États-Unis, 25 p. %; dans
le *Zollwerein*, 20 p. %, et en Angleterre, de
12 à 20 p. %.

Quelquefois ces taxes oppressives varient sou-
dainement et bouleversent toutes les combinaisons commerciales, avant de rejaillir sur la
production elle-même. On a vu en 1841 le gouvernement des États-Unis, à la suite d'une
crise financière, élever le droit imposé sur nos
soieries d'une manière si imprévue, que des
expéditions faites sur la foi des traités eurent à
acquitter, à l'arrivée, des sommes doubles et
triples de celles que les expéditeurs croyaient
avoir à payer au départ. Une autre fois, quatre
ans plus tard, en 1844, les Belges, en dépit du
régime de faveur accordé à leurs fils et à leurs
toiles, portaient de 4 fr. à 10 fr. par kilogramme les droits auxquels étaient soumis nos
tissus de soie blanchis, teints ou imprimés. Ces
causes et beaucoup d'autres, provenant presque

toutes de la situation des marchés étrangers,
exercent une telle influence sur l'industrie des
soieries, que l'exportation varie quelquefois de
50 millions, d'une année à l'autre, ainsi qu'il
résulte de la comparaison de nos états de douane
en 1841 et en 1842.

On comprend facilement qu'une industrie exposée à de telles vicissitudes ne saurait échapper
à de fréquentes commotions, malgré sa vitalité
robuste, s'il faut joindre aux inconvénients de
la dépendance extérieure celui des difficultés
attachées à sa propre constitution, telles que
nous allons les exposer rapidement. Ainsi, tandis
que la vieille industrie cotonnière tend à disparaître peu à peu, absorbée par les grandes usines et par la substitution du travail mécanique
au travail à la main, l'industrie lyonnaise, longtemps indépendante de toute concurrence par
la supériorité de ses produits, par la liberté et
la bonne harmonie de ses producteurs, se voit
atteinte aujourd'hui, sous l'influence du désordre moral qui mine ses ateliers, par des causes
dont l'influence était presque nulle il y a quelques années. Parmi ces causes, depuis longtemps connues, il convient de placer au premier

rang la dispersion extrême des ateliers et la séparation des diverses opérations qui ne permettent pas au fabricant de surveiller une matière aussi précieuse que la soie. Le jugement des malfaçons, trop souvent laissé à l'arbitraire, engendre chaque jour des animosités violentes de la part des ouvriers, et le *piquage d'once*, si difficile à réprimer, excite au plus haut point la colère des fabricants.

Il faut dire quelques mots de ce piquage d'once, qui est une des plaies de l'industrie lyonnaise, jusqu'ici incurable, comme la plupart des abus de confiance qui échappent trop souvent à la rigueur des lois, et qui déshonorent les relations humaines. Le piquage d'once est un vol de matière première, tout à fait particulier à la fabrication des soies, et qui est dû en grande partie aux propriétés hygrométriques de cette substance. La soie contient généralement plus du dixième de son poids d'eau, et elle peut en absorber une quantité équivalente au tiers de son poids réel. On comprend dès lors quelle latitude est laissée à la fraude sur cette échelle de 10 à 33 p. %, et le *conditionnement* n'a été imaginé que pour y mettre obstacle;

mais la teinture peut aussi charger la soie de matières pesantes qui facilitent l'enlèvement d'une partie notable à chaque opération, et qui causent au fabricant des pertes considérables. Il ne se passe pas de jour sans que de vifs débats éclatent à ce sujet entre commettants et ouvriers, et ne fassent naître parmi eux des ferments d'irritation qui tournent toujours, définitivement, au détriment de l'industrie entière.

D'un autre côté, les soies ainsi dérobées par la fraude sont employées par des hommes qui se les procurent à des prix inférieurs au cours de la place, et qui font une concurrence meurtrière et coupable à la fabrication consciencieuse et honnête. Les fabricants, doublement atteints par ces vols de matière première et par l'usage qu'on en fait contre eux, vivent sans cesse dans des alarmes d'autant plus sérieuses, que le prix de la soie est toujours assez élevé, et que le *piquage* est très-difficile à constater. Une société d'assurance établie entre plusieurs fabricants pour la poursuite de cet abus n'a pu encore le détruire ni presque l'entamer. Il en est de même du vol des dessins, qui ravit non-

seulement aux inventeurs le fruit de leur travail, mais qui en dispose au profit de l'étranger,
frappant du même coup les intérêts privés et
l'intérêt national.

La fabrique de Lyon, comme on le voit, pour
être exempte des causes de malaise qui minent
l'industrie cotonnière, n'en est pas moins atteinte d'un mal réel dont son état présent révèle
toute la profondeur. Les causes de ce mal sont
d'une autre nature que celles de l'industrie cotonnière : la première et la plus sérieuse de toutes est l'absence de bons rapports de clientèle
entre le fabricant et l'ouvrier. Mais, depuis
quelques années, il en est apparu une autre plus
grave, car elle a déjà produit un commencement de guerre entre les ouvriers de la ville et
ceux de la campagne. Les premiers, chaque jour
plus écrasés par la cherté croissante des loyers,
par les droits d'octroi, par l'élévation relative
des prix de tous les objets de consommation,
ont formé peu à peu, aux environs de Lyon,
une colonie rivale des ouvriers restés dans la
ville, et ils ont trouvé aux champs une existence meilleure, en dépit de la diminution du
salaire. Il y a eu bientôt dans le département du

Rhône deux prix différents pour la même nature de travail : la façon d'un mètre de velours du même nombre de portées, par exemple, a coûté un cinquième de moins à la campagne qu'à la ville, et comme les prix se règlent habituellement sur le taux le plus bas, le salaire des ouvriers de la ville a été affecté par la concurrence de ceux de la banlieue. Cette différence de salaires est une complication toute récente de la plus haute importance, car elle ne tend à rien moins qu'à transformer l'industrie lyonnaise avant un petit nombre d'années.

La topographie de Lyon et la distribution des ouvriers entre ses divers quartiers méritent aussi une attention particulière. Cette grande cité est entourée de faubourgs indépendants, qui jouissent du titre de commune et qui renferment plus du tiers de sa population ouvrière; telles sont les communes suburbaines de la Croix-Rousse, de la Guillotière, de Vaise, qui enveloppent la ville sur trois points différents. Le faubourg de Vaise et le quartier Saint-Georges, suspendus aux pentes abruptes de Fourvières, commandent le cours de la Saône; celui de la Guillotière commande le cours du

Rhône, et le formidable quartier de la Croix-Rousse, peuplé à lui seul de 20,000 habitants et appuyé sur les deux fleuves, domine la ville tout entière. Cette ville est ainsi entourée d'une véritable armée d'occupation, et les citadelles dont elle a été hérissée, à la suite des malheurs qu'elle a subis, semblent plutôt destinées à la défendre des attaques de ses faubourgs que de celles de l'étranger.

Le voyageur qui a gravi avec peine les rampes qui y conduisent, est frappé tout d'abord du bruit incessant des métiers et de la hauteur excessive des maisons habitées par cette population intelligente, énergique et inquiète. Quelquefois, au lieu d'un escarpement ou d'une côte rapide à franchir, on rencontre une série d'escaliers construits en échelle, d'une hauteur immense et de l'aspect le plus pittoresque, toujours bordés d'édifices qui n'ont pas moins de six ou huit étages, et qui ressemblent à de véritables forteresses. C'est dans ces hautes maisons, d'une malpropreté insigne, que sont établis les logements des chefs d'atelier qui composent le personnel actif de la fabrication lyonnaise. Chacun d'eux y occupe un apparte-

12.

ment de deux ou trois pièces, rarement plus, souvent moins, où sont disposés, près des fenêtres, les métiers à la Jacquard, généralement assez élevés pour permettre la construction d'une soupente destinée à recevoir les lits. Dans un coin de ces vastes pièces, le même poêle sert au chauffage commun et à la cuisine du ménage. Quelquefois le chef de la famille peut disposer d'une petite chambre pour y faire coucher ses filles et les tenir à distance des hôtes habituels du logis.

En effet, presque tous les chefs d'atelier lyonnais accordent le logement à leurs compagnons, et il n'est pas rare de voir rangés sur la même ligne, dans la même soupente, le lit du maître de la maison et ceux des ouvriers nomades auxquels il loue ses métiers, moyennant les deux cinquièmes ou la moitié du prix des façons. Cette détestable coutume engendre trop souvent une promiscuité fatale aux bonnes mœurs, et tout au moins favorable aux mauvaises influences. Il est indispensable d'en tenir compte pour expliquer ces soulèvements inattendus qui ont fait descendre tant de fois sur la place publique les populations ouvrières de la

ville de Lyon , comme si elles répondaient à un
signal convenu ou à un mot d'ordre militaire.
Quoique la plupart de ces compagnons ne fassent que passer par la demeure des chefs d'atelier , ils sont connus de presque tous , et ils se
connaissent entre eux comme s'ils étaient de la
même famille. Aussi, dans les moments de trouble ou d'émotion , lorsqu'il s'agit d'imposer un
tarif ou quelque modification importante aux
conditions habituelles du travail , ils se concer-
tent avec une facilité extrême , et ils agissent
comme un seul homme.

Les questions de tarifs ont été de tous temps,
et surtout depuis les événements de 1830 , la
principale cause des troubles de la ville de Lyon
et des luttes formidables qui ont ensanglanté
ses murs. Elles sont encore aujourd'hui le nœud
de la difficulté économique, comme toutes les
questions de salaires , et tous les efforts qu'on a
tentés pour les résoudre en dehors du régime
de la liberté ont toujours été infructueux.

Rien n'est plus difficile, en effet, quand on
pénètre dans les détails pratiques de la fabrication, de fixer des salaires réguliers et à l'abri
de toute contestation ; d'abord à cause des va-

riations incessantes de la demande , et parfois à cause de son abondance même et de sa soudaineté. Le travail , dans les principales maisons de Lyon , est ordinairement divisé en quatre saisons : la saison d'été, qui se *prépare* aux mois de décembre , janvier et février ; la saison d'hiver, au mois de juin, juillet et août ; et deux saisons intermédiaires , connues sous le nom de saisons d'*Amérique*, parce qu'on y exécute les étoffes destinées aux marchés des États-Unis. L'emploi des ouvriers se trouve donc subordonné aux éventualités de commandes qui peuvent être importantes ou de nulle valeur, comme il arrive trop souvent.

Quand la demande est abondante et soudaine, surtout en étoffes de prix , les ouvriers élèvent naturellement des prétentions justifiées par le bénéfice assuré aux fabricants , et dont ils sont d'excellents juges. En cas d'hésitation ou de résistance, on les a vus plus d'une fois exposer la fabrique à perdre des commandes importantes plutôt que de les exécuter sans avoir prélevé, par la hausse du tarif des façons, leur part des profits de la production. Puis, quand éclatait le moindre orage, ils refusaient leur part du sinistre, et ils prétendaient faire intervenir l'autorité dans ces querelles délicates, où son apparition n'a jamais créé que des complications pleines de périls ou suivies de combats. Il suffit d'étudier, en présence d'un métier battant, la fabrication d'une pièce de taffetas, de satin, ou de velours, pour s'en convaincre. Dans chaque spécialité de tissus, les qualités et les genres sont tellement variés par les combinaisons de *matières,* de *réduction,* et de *disposition,* qu'il est impossible de leur appliquer des appréciations uniformes. Des étoffes en apparence semblables diffèrent par la qualité de la soie, et l'on peut en tisser beaucoup plus de l'une que de l'autre, dans le même espace de temps.

L'expérience a démontré que le moindre danger des tarifs absolus était de compromettre la bonne confection des étoffes, c'est-à-dire l'avenir de la fabrique elle-même, et de priver les bons ouvriers du bénéfice de leur valeur personnelle, en payant toutes les façons analogues de la même manière. La fabrication des tissus de soie ne saurait être assimilée à celle du calicot ou de la toile, et sans parler ici des étoffes de luxe, dont l'exécution est une véritable œuvre d'art, l'importance de la matière première exige, même dans le travail des tissus, des habitudes et un tour de main qui n'appartiennent pas à tout le monde. Il y a des satins dont certains ouvriers peuvent tisser quatre mètres par jour, d'autres trois mètres, quelques-uns deux mètres seulement. Il existe des satins apprêtés et des satins sans apprêt. Il y a plus de précautions à prendre avec les tissus de couleurs tendres qu'avec les tissus noirs. Le taffetas, le gros de Naples, le velours, offrent les mêmes diversités. Qui ne sait d'ailleurs les nécessités minutieuses de la fabrication des *lustrines*, des petits *Florences*, des *levantines*, des *peluches* pour la chapellerie, et d'une foule d'autres articles de l'industrie lyonnaise, dont l'exportation est immense?

Cette industrie est précisément celle qui souffrirait le moins les entraves d'une réglementation tracassière, où périraient bientôt la liberté des uns et l'habileté des autres. Il n'y a jamais eu un tarif librement consenti et complet à Lyon pour tous les genres de fabrication, et les essais déplorables qu'on a imposés un moment par la force, dans les jours de sédition, n'ont servi

qu'à préparer la ruine de cette branche magnifique de la richesse française. Pour peu qu'on
étudie avec impartialité ses procédés naturels et
les lois de sa constitution, on se convaincra facilement que l'avenir des ouvriers et la prospérité des fabricants ne reposent ni sur le chiffre
des tarifs, ni sur quelques mesures isolées. La
première vérité dont il est nécessaire que les
uns et les autres se pénètrent, c'est que leur industrie, toute de luxe, sera toujours la première
menacée dans les temps de troubles, au dehors
par la guerre, au dedans par les discordes civiles. La crise américaine de 1841, les changements du tarif belge en 1844, même en pleine
paix, lui ont été funestes ; que serait donc une
guerre étrangère ?

Les ouvriers lyonnais ont le moyen de constater par eux-mêmes, avec une précision ma-
thématique, la nature du dommage que leur
ont fait éprouver tous les désordres dont leur
ville a été le théâtre depuis près de vingt ans.
Il leur suffirait de faire un relevé exact, *à la
condition des soies*, des qualités de soies en-
trées aux époques de troubles, comparées à
celles qui ont été vérifiées dans les moments de

calme et d'ordre régulier, pour être mises en
œuvre. Ils verront qu'au mois de juillet 1830,
la ville de Lyon a reçu cinquante-trois mille kilogrammes de soie, et qu'aussitôt après la révolution, le contingent du mois d'août n'a plus
été que de vingt-trois mille. Le retour de l'ordre relève bientôt la demande au chiffre de cinquante-trois mille, en novembre; les troubles
du procès des ministres la font retomber à vingt-
sept mille au mois de décembre. L'insurrection
lyonnaise de novembre 1831 réduit à trente-
deux mille kilogrammes le chiffre des quantités
admises, qui était de soixante-trois mille le
mois précédent. Mêmes résultats en 1834, après
les terribles événements du mois d'avril : les
soies tombent de soixante-onze mille kilogrammes à vingt-neuf mille. Elles descendent pa-
reillement de cent trente-cinq mille à trente-
deux mille, après la révolution de février. Il
n'y a pas eu un désordre politique ou social,
auquel ne corresponde une crise industrielle,
dont les ouvriers de cette ville ont toujours été
les premières victimes.

Comment se fait-il donc que ce soit parmi
eux qu'on ait à déplorer aujourd'hui les ten-

dances antisociales les plus prononcées, les plus actives, les plus implacables? Nous avons exposé sans réticence, dans toute sa vérité, le régime intérieur de l'industrie lyonnaise : malgré ses imperfections, il est infiniment supérieur à celui des usines du coton, du fil et de la laine; mais la marche rapide du mouvement industriel dans les autres pays, l'esprit de routine qui règne dans le nôtre, et une foule de circonstances particulières et imprévues ont développé au centre de cette grande fabrication des germes de décadence longtemps inaperçus, et qui ont éclaté tout à coup au feu des révolutions. L'Angleterre, la Suisse, la Prusse, l'Italie, l'Espagne même, ont profité des progrès que nous avons faits, et elles puisent aux mêmes sources que nous leurs matières premières. Sur certains points grâce à la perfection de leurs machines, sur d'autres grâce au bas prix de la main-d'œuvre, ces nations nous disputent la palme des tissus unis. L'industrie des soieries s'y constitue sur une grande échelle, et parvient à réduire chaque jour les frais généraux qui accablent nos petits ateliers éparpillés, pauvres, écrasés de

droits dans les villes, encore trop peu répandus
dans les campagnes.

Il ne nous restera bientôt plus d'inattaqua-
ble que l'industrie des façonnés, c'est-à-dire
des étoffes de luxe, et c'est la consommation
de celles-là qui est la plus exposée aux chômages dans les temps agités où nous vivons.
Pour la conserver intacte, au milieu de tant de
causes de détresse, il faudrait surtout garder
la paix de l'atelier, qui nous fuit chaque jour
davantage, et resserrer les liens entre le fabricant et l'ouvrier, que le mauvais génie de
nos réformateurs s'acharne à diviser. Il ne faut
pas se dissimuler, non plus, que s'il est des ac-
cusations chimériques, il en est aussi de fondées et dignes des méditations de la science.
Déjà même on peut signaler avec évidence dans
cette fabrication lyonnaise, jadis si brillante,
plusieurs catégories d'ouvriers auxquels ne suffit plus un salaire réduit à sa dernière expression par la concurrence des travailleurs de la
campagne, ou par la suppression presque entière de la demande. Ainsi, les veloutiers établis dans la banlieue font une guerre victorieuse
à leurs frères de la ville, et acceptent à 2 fr.

50 c. le mètre des façons qui se payent à Lyon
3 fr. 25 c., sans que l'ouvrier puisse se suffire
à ce prix. Toute la passementerie était aux
abois par suite des événéments qui ont paralysé ou supprimé les dépenses de luxe, et les
malheureux ouvriers de cette catégorie vivaient
à grand'peine de la fabrication de quelques ga-
lons de sergents ou d'épaulettes pour les officiers de l'armée. Je me suis fait représenter les
livrets de plusieurs ouvrières qui n'avaient pu
gagner 300 fr. dans l'année, en travaillant
quatorze heures par jour, sur des métiers où
elles sont suspendues à l'aide d'une courroie,
afin de pouvoir se servir à la fois de leurs pieds
et de leurs mains, dont le mouvement continuel
et simultané est indispensable au tissage du ga-
lon.

Ainsi acculé aux dernières limites du salaire,
l'ouvrier n'a plus la liberté d'esprit nécessaire
pour apprécier la situation de son industrie et
la sienne. Il n'a ni le talent, ni l'impartialité
que réclame l'examen de ces hautes questions,
et son âme ulcérée s'ouvre trop aisément aux
impressions de la colère ou du désespoir. Il attribue son malheur, tantôt au fabricant qui

l'emploie, tantôt à la société qui en souffre ; et
alors, si quelque mauvais conseiller inscrit
sur les drapeaux de la misère la sinistre devise :
*Vivre en travaillant, ou mourir en combat-
tant*, les malheureux se précipitent dans des
luttes qui aggravent leur sort, et qui retardent
de plusieurs années le retour à un état meilleur.

Telle a été, depuis vingt ans, la tendance
des esprits dans la ville de Lyon, et ce mouvement a commencé à l'époque des premiers symptômes de souffrances graves qui ont affligé la
fabrique. Tant que l'industrie lyonnaise est
restée à peu près sans rivale dans le monde, aucun nuage ne s'est élevé entre les commissionnaires et les ouvriers ; les profits, pour être iné-
galement partagés, n'en suffisaient pas moins
aux besoins de la communauté tout entière,
et l'on voyait souvent de simples compagnons
parvenir au rang de chefs d'atelier par l'ordre
et par l'économie. Ceux-ci, à leur tour, après
avoir réalisé quelques bénéfices modestes sur la
location des métiers qui composaient leur capital, s'élevaient à la position de fabricants. Mais
lorsque peu à peu les crises ont pénétré dans

cette brillante industrie, comme dans toutes les autres, et que, soit par de brusques variations dans l'importance des commandes, soit par l'élévation des tarifs, les ouvriers ont vu diminuer leurs salaires ou restreindre leur travail, la discorde a pénétré dans l'atelier, et la ligne de démarcation qui séparait les fabricants des travailleurs s'est bientôt agrandie.

Les premiers se sont entendus pour maintenir les prix à un taux qui leur permît de conserver l'accès du marché étranger ; les autres se sont coalisés pour ne pas accepter des salaires qui devenaient insuffisants à leurs besoins. Une guerre sourde a éclaté dès lors, d'abord individuelle et bornée à quelques catégories d'ouvriers, puis enfin collective et véritablement organisée, jusqu'à comprendre la fabrique tout entière. Ce caractère s'est révélé à l'époque des troubles qui suivirent l'adoption du tarif imposé aux fabricants, sous la sanction de l'autorité, en 1831. Les chefs d'atelier se constituèrent alors en association de secours mutuels, au nombre de plus de trois mille, sous le nom de *mutuellistes*, et les compagnons, au nombre de plus de quinze mille,

13.

sous le nom de *ferrandiniers*, tiré d'une étoffe de soie qu'on fabriquait autrefois à Lyon, et qui s'appelait *ferrandine*. L'espoir de ces associations était de s'assurer un chiffre permanent de salaires, et de peser tout à la fois sur les fabricants par le tarif et sur le gouvernement par le nombre. Ce fut, dès le début, une armée prête à combattre, autant qu'une association prête à travailler.

Il était impossible qu'à la première occasion on ne fît pas sortir un incendie du foyer de tant de matières inflammables. Aussi les rapports entre maîtres et ouvriers ne tardèrent-ils pas à prendre un caractère d'aigreur qui dégénéra bientôt en hostilité déclarée. L'autorité avait commis la faute de sanctionner un traité impraticable : elle en eut bientôt à supporter toutes les conséquences. Les terribles événements de 1831 n'ont été que le prélude de la lutte qui a failli s'élever depuis aux proportions d'une guerre sociale. La ville de Lyon tomba un moment au pouvoir de ses ouvriers, et cette victoire, surtout funeste aux vainqueurs, n'a servi qu'à prouver une fois de plus l'impuissance des armes à résoudre les questions de travail. Mais

le fatal effet de cette scission fut de mettre en
hostilité directe avec le gouvernement les classes
ouvrières qui, jusque-là, n'avaient été en dé-
saccord qu'avec les fabricants. La plupart de
ceux-ci avaient beaucoup souffert par suite du
trouble apporté aux affaires pendant la durée
de ces déchirements, et les ouvriers avaient
fini par comprendre que nul ne peut faire longtemps travailler à perte, même sous la pression
d'une terreur passagère. Ils demandaient, avant
la bataille, *un tarif pour toutes les façons*, ap-
prouvé par le gouvernement. Désormais, ce fut
au gouvernement lui-même qu'ils demandèrent
de jouer le rôle de médiateur responsable de
leur sort, sous peine de sédition et de révolte.

Le gouvernement de cette époque eut bientôt compris le péril d'une telle situation, et il
se hâta, pour toute réponse, de faire fortifier
la ville de Lyon. Peut-être, osons le dire, au-
rait-il dû accepter plus hardiment la véritable
part de responsabilité qui lui appartenait dans
ces graves conjonctures, en éclairant les ouvriers si intelligents et au fond si maniables de
cette grande cité, soit par des publications spéciales, soit par un enseignement qui leur fît

connaître les vraies difficultés de leur situation
et les moyens d'en triompher. On crut n'avoir
plus rien à faire, après avoir rétabli l'ordre matériel ; mais aujourd'hui il ne suffit pas de vain-
cre au nom de l'ordre, il faut convaincre et
persuader : car, on peut bien céder à la force,
on ne se résigne que devant la raison. Le gouvernement abandonna aux chefs des sociétés secrètes dont la ville de Lyon fut aussitôt infestée,
la direction de l'esprit public, et toutes les questions industrielles devinrent entre leurs mains
des questions politiques. Les *mutuellistes* et les
*ferrandiniers* furent absorbés par ces associations dont la France s'est depuis peu couverte,
et qui prétendent mettre en honneur parmi nous
le génie brutal et grossier des conspirations, à
la place du génie éclairé des sciences et des
arts.

C'est à elles qu'est due la seconde insurrection
de Lyon, en 1834, si vigoureusement réprimée
et qui a laissé dans cette ville des traces désastreuses. A partir de cette époque, la paix des
ateliers n'a été maintenue que sous l'empire de
la force. Les ouvriers, livrés à toutes les sug-
gestions de l'esprit de parti, n'ont cessé de vi-

vre dans la triste espérance que c'était par la force seule qu'ils pourraient améliorer leur sort et résoudre les questions économiques qui s'y rattachent. Mais pendant qu'ils en attendaient vainement les solutions de ce côté, l'Europe leur dérobait chaque jour une partie de leurs secrets, de leurs dessins et de leurs plus habiles contre-maîtres. Crevelt et Eberfeld, dans la Prusse rhénane, leur disputaient la fabrication des velours et des rubans de velours. Bâle commençait aussi à faire des rubans; Zurich fabriquait des florences et des petits taffetas; la Savoie même montait à Faverges des métiers d'unis avec succès. Enfin, en Angleterre, Paisley, Coventry, Derby, Macclesfield et l'encyclopédique ville de Manchester, ajoutant le tissage des soies à ses autres éléments de richesse, y appliquaient en peu d'années la puissance de leurs capitaux et les merveilleuses ressources de la mécanique. Une coalition de plus de deux cent trente mille métiers européens s'organisait ainsi contre les vingt-cinq mille métiers de Lyon, en moins de trente années.

Durant cette période remarquable, les ouvriers lyonnais n'avaient pas toujours borné leur ardeur à des agitations politiques. Ils avaient trouvé, en 1818, le secret de la fabrication du crêpe de Chine, et des taffetas diaphanes, en 1825; ils transportaient sur le métier l'art du graveur et le moirage à réserves; ils donnaient une impulsion originale aux châles de bourre de soie, et ils faisaient de cette substance les plus heureuses combinaisons avec la laine, le coton et le cachemire. Ils perfectionnaient les grandes étoffes de luxe, au point d'en livrer de magnifiques, d'une largeur de plus de deux mètres, et de créer des tentures en satin avec des bordures en arabesques ombrées et couleur d'or. Ils transformaient l'industrie de la chapellerie par leurs belles et solides peluches de soie. Chacune de nos expositions quinquennales témoignait par ses chefs-d'œuvre des progrès de la fabrication lyonnaise, pendant que la démoralisation pénétrait profondément dans ses ateliers et y répandait les doctrines les plus folles et les plus subversives.

Déjà plusieurs années avant la révolution de février 1848, les ouvriers lyonnais s'étaient accoutumés à recevoir comme des oracles ces hardis prédicateurs de sédition, dont la profession, sous

le régime monarchique aussi bien que sous le
régime républicain, semble être de faire une
guerre incessante à tous les gouvernements établis. Les chefs de cette propagande anarchique
s'efforçaient de rattacher à un centre commun
tous les mécontentements et toutes les souffrances. Ils essayaient de persuader aux ouvriers que la société les traitait en marâtre, et
qu'il dépendait du succès d'un coup de main
de lui arracher en bien-être et en jouissances ce
qu'ils n'en obtiendraient jamais dans un état
régulier. Nous avons vu et entendu de trop
près, depuis, ces apôtres du désordre, pour qu'il
soit nécessaire de définir le caractère exact de
la religion étrange qu'ils voudraient propager
dans le monde. Cette fièvre des esprits passera
sans doute, si Dieu veut qu'elle épargne les
cœurs ; mais elle a déjà exercé des ravages inouïs
dans les intelligences, et je ne saurais exprimer
à quel point ces ravages ont été généraux et
profonds parmi les ouvriers de la ville de Lyon.

On ne les reconnaît plus. Ils répètent presque
tous à l'envi, comme une espèce de liturgie nouvelle, des formules qu'on dirait sacramentelles,
tant ils y mettent de ferveur et de foi. On a ex-

humé pour eux le vocabulaire à jamais flétri des plus mauvais jours d'une époque qui avait donné à leur noble cité deux terreurs au lieu d'une, en moins de trois années. Partout où les hasards du suffrage universel leur ont assuré une influence décisive, ils ont débaptisé les rues et les places publiques, pour leur infliger des noms désormais condamnés par l'histoire. A l'heure où nous parlons, il existe à Lyon plus de deux cents clubs où l'imagination mobile et impressionnable de ces populations s'exalte chaque jour aux discours d'une foule d'orateurs de carrefour, aussi dépourvus de talent que de modération. Il n'est pas rare de rencontrer à heure fixe, dans certains quartiers populeux, des groupes d'oisifs qui discutent avec animation sur les affaires publiques, comme s'ils étaient voués à la politique ou à la diplomatie perpétuelle. L'atelier n'est plus à Lyon qu'une succursale des clubs. Toutes les occupations et toutes les émotions du foyer domestique semblent avoir cédé le pas à celles de la place publique, et personne n'y lit plus que des journaux violents, propagateurs ou organes de ce délire infatigable et inexplicable.

Le mal est d'autant plus grand que presque tous les ouvriers lyonnais ont reçu un commencement d'instruction dans les écoles et qu'ils sont pourvus d'une sorte de demi-savoir, vague, incomplet et stérile, qui leur donne trop souvent des allures tranchantes et des préjugés opiniâtres. Il convient d'ajouter aussi que, malgré la réputation dont jouit la ville de Lyon pour ses habitudes religieuses, les classes ouvrières n'y sont pas aussi orthodoxes qu'on le suppose communément. La lacune morale et religieuse, si l'on peut parler ainsi, commence précisément au moment où l'enfant sort de l'école pour entrer en apprentissage. Il n'y a pas de contraste plus affligeant et plus significatif que celui qu'il offre alors de l'état satisfaisant de ses mœurs par la vivacité limpide de son regard et la pureté de son teint, avec l'air dégagé, les traits prématurément flétris, et la démarche *sui generis*, qui le distinguent dès qu'il a passé quelque temps à l'atelier. Ces ateliers ne manquent pourtant pas de décence, comme la plupart de ceux de la grande industrie manufacturière; mais il n'y a rien de plus contagieux que l'exemple, et malheureusement

14

l'enfant, une fois devenu apprenti, est presque abandonné à lui-même, à l'époque où il aurait besoin de la surveillance la plus inquiète et la plus dévouée.

Aussi existe-t-il à Lyon, comme à Paris, une classe intermédiaire entre l'enfance et la virilité, qui n'a ni la naïveté de l'une ni la raison de l'autre, et qui sera longtemps, si on n'y prend garde, la base du recrutement de tous les perturbateurs de l'ordre social. Il y a des *gamins* de Lyon comme il y a des *gamins* de Paris, pour qui l'agitation est un besoin, et la discorde un élément naturel. Le courage qu'ils tiennent disponible au service de tous les mouvements qui ressemblent à la guerre, les a entourés d'une sorte d'auréole dans nos temps de révolutions, et ils finiraient par prendre leur profession au sérieux, si elle devait être honorée comme toutes celles qui ont pour but d'être utiles à l'État, au lieu de le troubler. On rencontre une infinité de jeunes gens de cette nature dans la ville de Lyon, et l'expérience a prouvé que là, comme ailleurs, ils avaient toujours été les premiers à marcher au feu, les derniers à retourner au travail. C'est la maladie de notre temps. Le haut de notre société court trop après les places, et le bas après les aventures. On oublie tous les jours que chaque homme porte sa destinée en soi-même, et que la paternité de l'État n'est qu'une fiction dont il est dangereux d'abuser.

J'ai eu avec un grand nombre de ces ouvriers, si remarquables et si démoralisés, de la ville de Lyon, des entretiens sérieux et approfondis sur leur situation actuelle. J'ai visité avec le plus vif intérêt et la plus cordiale sympathie plusieurs d'entre eux, dans leurs demeures, et il m'est impossible de ne pas déplorer l'aveuglement qui les égare, en me rappelant une foule de traits qui font autant d'honneur à leur intelligence qu'à leurs sentiments. J'en ai vu qui souffraient des maux cruels avec une fierté stoïque, et qui n'en attendaient la fin que d'une transformation sociale impossible. J'avais beau discuter avec eux et, parfois, aidé de leurs femmes, dont le bon sens naturel déplorait ces illusions, ils revenaient sans cesse à leurs formules stéréotypées, comme de vrais musulmans, et ils ne concevaient point qu'un peuple ne puisse pas faire tout ce qu'il lui plaît, quand il est le plus fort. Toutes les solutions, selon eux, étaient dans la possession de la force, et le droit du fusil était le seul sacré à leurs yeux.

Je dois pourtant rapporter à l'Académie, au moins en substance, une curieuse protestation contre cette doctrine sauvage, telle que je l'ai recueillie à la suite d'une conférence de quatre heures avec un ouvrier de Lyon, nommé ···, qui exerce un ascendant considérable sur la population ouvrière de cette ville. Cet homme inculte, mais plein de sens, de finesse et de pénétration, m'avait longuement exposé un plan d'association dont il était l'auteur, et qui avait pour but de *syndiquer* les ouvriers de diverses professions, pour soumissionner les travaux de l'État. Il expliquait avec une rare vivacité d'esprit tous les avantages de son système, et répétait souvent, en parlant des adjudicataires qui sous-traitent avec bénéfice, sans bourse délier : « Pourquoi dix mille ouvriers « *qui travaillent* n'offriraient-ils pas au gou- « vernement, à l'aide d'une retenue sur leurs « salaires, autant de garanties qu'un soumis- « sionnaire *qui ne travaille pas ?* » Puis il ajoutait ces paroles remarquables : « Tout bien

« considéré, nous avons plus d'intérêt à bien
« vivre avec l'État qu'à lui faire la guerre. Nous
« avons été une fois maîtres de Lyon, et nous
« n'avons su qu'en faire. Une seconde fois,
« nous avons essayé de le reprendre et nous y
« avons échoué. Dans ces tristes batailles, nous
« avons tué bon nombre de soldats sortis de
« nos rangs et qui faisaient bravement leur de-
« voir. Ils nous ont tué aussi beaucoup des
« nôtres, — *et qui donc nourrit aujourd'hui*
« *leurs veuves et leurs orphelins?...* La guerre
« civile est une bêtise depuis l'invention du
« suffrage universel. S'il ne sort rien de bon de
« là-dedans, il faudra se résigner; c'est que
« les hommes ne trouveront jamais ce qu'il leur
« faut. »

Je n'ai rien voulu changer aux paroles de ce
brave ouvrier, dont les yeux rayonnaient d'intelligence et dont le langage calme, simple et
ferme, respirait un certain air de commande-
ment et de dignité, quoiqu'il fût couvert de
haillons. Il était pour beaucoup dans toutes les
résolutions collectives qui avait exprimé l'opinion des ouvriers de Lyon dans ces derniers
temps, et je ne doute point que son influence

14.

n'eût été plus favorable, s'il avait reçu quelques
notions élémentaires des principes sur lesquels
la société repose et le bonheur de toutes les
classes de citoyens avec elle. C'est l'ignorance
sociale qui fait la fortune des socialistes, et il
n'est pas étonnant d'entendre déraisonner de
simples ouvriers sur ces questions, quand on
voit tant d'hommes qui passent pour éclairés
se montrer aussi étrangers qu'eux aux premiers
éléments de la science économique. M. l'arche-
vêque actuel de Dublin, qui est aussi un savant
économiste, expliquait très-bien, naguère, la
différence de conduite qui existe entre la population anglaise et la nôtre, en citant ce fait,
très-peu connu en France, qu'il existe *quatre
mille* écoles où l'on enseigne l'économie politique en Angleterre, tandis qu'il n'y en a pas
une chez nous. Il aurait pu rendre compte également de la supériorité du peuple des États-
Unis, en vertu de la même considération. Les
peuples qui seront réellement grands et puissants dans l'avenir, sont ceux qui s'attachent à
triompher de la matière par le travail, et qui
perfectionnent leurs institutions avec maturité,
au lieu d'en improviser sans cesse de nouvelles

et d'user leurs forces vives à la poursuite des
chimères sociales.

Les ouvriers lyonnais feraient donc mieux de
s'enquérir des vraies causes du malaise de la fabrique, que de la réforme du genre humain. S'ils
avaient mieux apprécié ces causes, on ne les aurait pas vus menacer l'industrie naissante des
campagnes voisines, sous prétexte d'une concurrence qui est peut-être la seule ancre de salut qui leur reste. Au lieu d'attaquer leurs frères
de la banlieue, ils auraient dû les imiter et se
soustraire par l'émigration aux charges fiscales
de l'octroi. Le mouvement de déclassement est
trop prononcé désormais pour qu'aucun obstacle puisse l'arrêter. C'est le commencement d'une
métamorphose qui deviendra bientôt la loi de salut de toutes nos industries. Presque toutes les
douleurs des classes ouvrières viennent de leur
extrême agglomération dans les villes, où mille
fléaux les attendent pour les décimer et les démoraliser sans relâche. Tout ce qui les ramène
vers les champs les rend à elles-mêmes, au
grand air, à la santé, à la propriété, à la tempérance.

Aussi faut-il s'applaudir de la transition qui

s'opère depuis quelques années dans les environs de Lyon, et souhaiter qu'un mouvement semblable s'accomplisse autour des grands foyers d'industrie situés dans les autres villes manufacturières; car la contagion s'établit dans les ateliers par les ouvriers rouleurs, sans feu ni lieu, qui passent continuellement d'une industrie dans une autre, et dont le vagabondage systématique est favorisé par la tolérance des grands centres de fabrique. Tels sont particulièrement ceux de Saint-Étienne, la ville des rubans, du fer et de la houille, où l'on déplore si souvent ces migrations, et qui reçut de tout temps l'impulsion des ouvriers lyonnais. L'Académie me permettra de passer sous silence les étranges exemples de démoralisation imitative que cette ville a présentés depuis un an. Le principal effet de nos troubles politiques a été de laisser croire aux ouvriers qu'ils avaient droit de refaire le gouvernement de leurs mines ou de leurs ateliers, comme Paris venait de refaire le gouvernement de l'État.

Aucun spectacle n'est plus digne de méditation que celui de ces aberrations économiques et sociales dont nous avons été les témoins, et qui se sont manifestées sur certains points du territoire avec une intensité extrême. Elles semblent s'être concentrées d'une manière régulière à Paris et dans les environs, à Rouen et dans les vallées voisines, à Lille et dans ses faubourgs, mais surtout à Lyon, d'où le mal a gagné Saint-Étienne, Clermont, Limoges, et la partie manufacturière du département de la Creuse. L'esprit de vertige se montre plus sérieux et plus agressif dans les foyers principaux, plus violent et plus absurde dans les succursales. Les ouvriers de Lyon parlent moins et agissent davantage; ceux de Saint-Étienne ont toujours été plus indisciplinés, plus criards et d'une rudesse incurable. On croirait par moments que leur raison s'est complétement éclipsée, tant ils ont élevé de prétentions bizarres et puériles toutes les fois qu'ils ont pu se considérer comme les plus forts.

L'histoire de ces prétentions n'appartient pas toujours au domaine de la science, mais il en a surgi quelques-unes qui méritent une mention spéciale dans l'exposé que j'ai l'honneur de soumettre à l'Académie. Telle fut, par exemple, celle d'instituer dans chaque puits de mine un gou-

vernement provisoire à l'instar de Paris, après
la révolution de février. On chassait de partout
les anciens contre-maîtres, les anciens ingénieurs, comme des dynasties déchues, et on intimait aux sociétés industrielles les plus puissantes des ordres officiellement notifiés par des
proclamations. En voici une :

## RÉPUBLIQUE FRANÇAISE.

### *Liberté , Égalité , Fraternité.*

« Nous, soussignés, membres du comité du
puits Grangette dit Basseville, numéro 5, con-
sidérant qu'il est urgent de pourvoir au rem-
placement du gouverneur *d'une manière légale,*
avons proposé et proposons :

« 1° Il existera dans chaque puits une manière de travailler différente. 2° Les travailleurs
se connaissant tous, choisiront mieux celui qui
doit les gouverner.

« *En conséquence,* après avoir mûrement exa-
miné celui qui nous convenait le mieux, nous
avons nommé les citoyens *L. C.* et *N.* en rem-
placement du citoyen *E.*, gouverneur de pré-

sent; *et voulant nous conformer au gouvernement actuel*, nous les nommons seulement gouverneurs provisoires, donnant *préférence* à la compagnie de choisir celui des trois qu'elle voudra, *et ferez justice.*

« Demandons et sollicitons que le citoyen J. B., ouvrier, renvoyé *pour avoir emporté du bois*, soit reçu et remis en demeure dans notre puits, cette action étant de très-petite conséquence.

« Fait à Saint-Étienne, le 20 avril 1848.

« *Signé* : C., *président*, R., *secrétaire.* »

En voici une autre :

« Nous vous faisons connaître la ligne que se proposent de suivre les citoyens charbonniers de tous les puits, Hauteville, Basseville, ainsi que le puits Montmartre : Ils ne veulent entendre parler du renvoi d'aucun ouvrier, *sous quelque prétexte que ce soit*, et si on en venait à la nécessité de renvoyer quelqu'un, nous demandons que les commis, les ingénieurs et autres agents de la Compagnie donnent l'exemple, en partant les premiers.

« *Signé* : D., *président* du puits numéro 3 ;

« Antoine C., *secrétaire.* »

N'est-ce pas une curieuse importation de la politique dans l'industrie, que ces gouvernements provisoires et ces présidents de puits, révolutionnairement nommés, sans parler des agents d'une compagnie *congédiés* par leurs ouvriers? Ces deux pièces résument d'une manière expressive une situation bien grave, et retracent avec fidélité le véritable état des esprits dans la région que nous venons de parcourir. Ce sont les doctrines des associations socialistes lyonnaises, mises en pratique; c'est le trouble moral que nous signalions comme le caractère distinctif du malaise de cette grande cité. Nous le retrouvons jusque dans les habitudes fastueuses de ses ouvriers, dans leur séjour continuel au sein des clubs, et dans l'intolérance avec laquelle ils accueillent tout ce qui contrarie leurs idées.

Le plus grand malheur d'une pareille situation, c'est qu'elle sera sans remède pendant toute la durée de la génération actuelle. Il n'y a que l'expérience la plus dure qui ramène les hommes égarés par l'orgueil au sentiment de la justice et de la vérité. L'expérience se fait. L'industrie lyonnaise s'en va, traquée par la concurrence étrangère, mal soutenue par le concours des ouvriers de la campagne, dont ceux de la ville ont tenté plus d'une fois d'incendier les métiers. Quel retour aux principes peut-on espérer d'une population livrée tout entière à l'action délétère des sociétés publiques ou secrètes, et qui campe sur les hauteurs de la Croix-Rousse comme jadis celle de Rome sur le mont Aventin? Cent clubs ouverts dans une ville de deux cent mille âmes, c'est plus qu'il n'en faut pour expliquer cent usines fermées ou pour faire fermer celles qui sont ouvertes. C'est le péril et la leçon du moment : sera-t-elle entendue?

## BORDEAUX, MARSEILLE ET LE MIDI.

La ville de Lyon semble plutôt séparer que réunir le nord et le midi de la France. Le caractère des populations, leurs mœurs, leurs travaux habituels, le climat même des régions qu'elles occupent, diffèrent tellement au nord et au sud de cette ville, qu'ils paraissent appartenir à deux mondes opposés. Ce contraste n'a

15

jamais été plus frappant que de nos jours, et il emprunte aux circonstances présentes un intérêt économique et politique de la plus haute importance. On ne trouve plus rien au sud de Lyon qui rappelle la misère affreuse des villes manufacturières du nord. Le paupérisme n'y existe point à l'état endémique et incurable dont nous avons fidèlement esquissé les traits à Rouen et à Lille. Le travail est plus libre, plus régulier et moins précaire que dans les pays de fabrique, et la prospérité publique et privée s'y accroît d'une manière qui console de la décadence morale et sociale du nord, surtout depuis la grande crise de février.

Ce contraste est, à notre sens, le fait le plus remarquable de la situation actuelle. Les villes maritimes du midi vivent réellement d'une autre vie que les cités industrielles du nord. L'agriculture et le commerce ont toujours exercé une influence plus décisive sur leur destinée. L'industrie même change de caractère lorsqu'elle pénètre dans ces contrées favorisées du ciel, où la seule chaleur du soleil suffirait pour expliquer une foule de phénomènes de l'ordre économique, quand même on ne connaîtrait pas les causes spéciales qui les produisent. Bordeaux et Marseille sont de véritables capitales, situées à l'embouchure de deux grands fleuves dont les magnifiques bassins produisent les deux principales richesses naturelles de la France, le vin et la soie; et la région qui s'étend des Alpes jusqu'aux Pyrénées, de Bayonne à Antibes, appuyée sur les deux mers, semble n'être qu'une dépendance de leur territoire.

C'est sur ce territoire que vivent aujourd'hui les populations les plus heureuses de France, partagées entre les travaux d'une culture riche et variée, et les spéculations d'un commerce qui sera sans rival dans le monde, quand la France aura conquis la seule liberté qui lui manque. Ces populations ont été moins atteintes que celles du nord par l'esprit de désordre qui a bouleversé toutes les régions manufacturières. Leur travail, soumis à des nécessités moins inexorables, s'est maintenu plus régulièrement que celui des forges, des filatures et du tissage. Les tonneliers de Bordeaux, les savonniers de Marseille ont eu leur part, sans doute, du sinistre commun; mais, sauf quelques folles tentatives à Marseille, ils n'ont rien ajouté à leur détresse par des égarements politiques, tels que ceux qui ont si vivement agité les villes du nord et surtout la ville de Lyon. On respire, en approchant du midi, une atmosphère plus calme et plus libre. Les troubles y sont plus éphémères, parce que le mal social n'est ni aussi ancien, ni aussi profond que dans les pays de grandes manufactures.

Dans les villages comme dans les cités du sud, l'existence des classes ouvrières est plus douce, plus assurée par des travaux permanents et moins exposés aux variations de l'offre et de la demande. Les logements sont plus vastes, plus sains, mieux meublés; l'intempérance est plus rare, la vie de famille plus habituelle, l'influence de la femme presque toujours dominante. La variété des productions agricoles contribue au bien-être du cultivateur, et fournit à l'ouvrier des villes des produits abondants et à bon marché. Le voisinage de la mer, sur toute l'étendue du littoral, y ajoute le poisson, et, par le cabotage, un élément de travail d'une valeur considérable. L'enfance et la vieillesse souffrent moins du froid que dans le nord. Les vêtements sont plus légers et moins chers, la dépense de combustible moins élevée. Enfin, les ouvriers n'y sont pas emprisonnés, comme ceux des villes du nord, dans des ateliers où la santé s'altère trop souvent autant que la moralité.

Ces différences caractéristiques de la situation du nord et du midi ne sont nulle part plus frappantes qu'à Bordeaux, dans le département de la Gironde et dans toute la zone qui s'étend des Pyrénées jusqu'aux Cévennes, le long du canal du Languedoc. Le voyageur qui descend d'Angoulême vers les rives de la Dordogne et de la Garonne, au sortir des terres froides et solitaires du Poitou, se croit transporté dans un autre climat à l'aspect de ces riants coteaux émaillés de maisons de campagne qui dominent les deux fleuves. Ces deux fleuves et le canal lui-même répandent la vie et l'abondance sur toute l'étendue de leur parcours, où l'on rencontre peu de grandes usines, mais de modestes fabriques et de riches cultures, habilement combinées pour leur prospérité commune.

La ville de Bordeaux règne sur cette zone immense de toute l'influence de sa richesse, de son commerce, et de la haute intelligence de ses habitants. Initiée depuis longtemps aux plus

15.

vastes opérations du négoce par l'habileté de ses armateurs, riche du fonds inépuisable de sa production œnologique, assise au bord d'un fleuve admirable, rien ne manquerait à sa splendeur, si la grande erreur de notre système restrictif cessait de peser sur elle et de sacrifier ses intérêts à la chimère du monopole manufacturier. On y compte, sur une population de cent vingt-cinq mille habitants, environ vingt-cinq mille ouvriers répartis entre l'industrie des constructions civiles et navales et celle de la tonnellerie, qui se rattache tout à la fois aux mouvements du port et à la culture de la vigne. Cette population a beaucoup souffert de la perturbation des affaires, mais elle est restée calme et inaccessible à tous les ferments de discorde qui ont désolé notre pays. La ville de Bordeaux n'a cessé de jouir du repos le plus profond, même au plus fort de nos récents orages politiques, grâce à l'accord parfait de toutes les classes d'habitants et à l'excellent esprit qui les distingue parmi les autres populations du midi.

Le travail y est divisé par portions inégales entre les ouvriers de l'architecture, charpentiers, maçons, couvreurs, menuisiers, serruriers, marbriers, peintres et carreleurs, au nombre d'environ dix mille, gagnant un salaire presque uniforme de 3 à 3 fr. 50 c. par jour, et ceux des constructions navales, au nombre de plus de trois mille, tous remarquables par leur dextérité, par eurs habitudes d'ordre et d'économie. Ces ouvriers maritimes sont divisés entre plusieurs chantiers dirigés par des constructeurs d'une renommée européenne. Le reste de la famille ouvrière appartient à la tonnellerie et travaille, dans ces vastes magasins connus sous le nom de *chais*, à la fabrication des barriques neuves, au *rabattage* des anciennes, au chargement et au déchargement des navires le long des quais du fleuve.

Beaucoup de ces derniers ouvriers sont établis, comme de véritables contre-maîtres, à demeure dans les chais mêmes, et ils y jouissent tout à la fois de la confiance de leurs patrons et de certains priviléges, tels que le droit de se fournir de copeaux pour combustible, et de vin pour leur usage, ainsi que nous verrons, à Marseille, les ouvriers des huileries, libres de disposer d'une ration d'huile, en sus de leur salaire en argent. La plupart des ouvriers de chais viennent de la banlieue de Bordeaux, où ils sont presque tous propriétaires d'un petit champ, et ils y retournent tous les soirs ou tous les dimanches, selon la distance qui les sépare de la ville.

C'est cette classe vraiment patriarcale qui a donné à tous les ouvriers de Bordeaux le caractère de gravité et de moralité qui les distingue. Leurs logements de ville et de campagne sont remarquables par une propreté qui tient de l'élégance. Leur mobilier est simple, mais commode et complet ; il se compose presque partout d'une grande armoire pleine de linge, d'un buffet bien garni de vaisselle et d'ustensiles de cuisine nets et brillants. Les enfants ont toujours une chambre séparée de celle de leurs parents, et ils jouissent d'une santé bien rare dans les villes de fabrique du nord. Ils vont tous aux diverses écoles, qui en réunissent près de vingt mille. Les ouvriers adultes qui n'ont pas reçu dans leur jeunesse le bienfait de l'instruction, la trouvent aujourd'hui dans une école spéciale très-fréquentée, et dans laquelle leurs progrès rapides témoignent d'une rare aptitude et d'un zèle honorable. L'intempérance et la violence sont presque inconnues parmi eux.

Les événements politiques ont mis à l'épreuve, d'une manière bien remarquable, les qualités fondamentales de cette laborieuse classe d'ouvriers, et généralement de toutes les corporations de la ville de Bordeaux. Le travail a manqué dans les chais et dans les chantiers de construction, malgré les efforts et les sacrifices des entrepreneurs, sans que le moindre désordre y ait éclaté, en dépit des instigations venues du dehors. On n'a vu à Bordeaux, durant cette tourmente, ni processions d'ouvriers, ni émeutes, ni sociétés secrètes, ni journaux incendiaires. L'indifférence et l'ennui ont fait justice des timides essais de clubs qui ont désolé tant d'autres villes, et qui ont si puissamment contribué à pervertir le sens naturellement juste et droit des classes ouvrières. Les ouvriers bordelais ont concouru au maintien de l'ordre avec une résolution et une persévérance qui ne se sont jamais démenties. Cette population d'élite conserve jusque dans ses délassements le sentiment délicat des convenances, et une dignité qui feraient honneur en tout pays aux classes privilégiées de la fortune.

Aussi remarque-t-on parmi elles des habitudes de prévoyance et d'économie qui les ont préservées jusqu'à ce jour des atteintes du paupérisme et de l'affaissement moral qui en est la conséquence. Les ouvriers de Bordeaux ne se décident qu'à la dernière extrémité à recourir à l'hôpital, ou à y conduire leurs parents malades. Ils préfèrent souffrir en silence, et ils épuisent leurs dernières ressources plutôt que de solliciter l'assistance publique. Les nombreuses associations de secours qu'ils ont fondées par des souscriptions volontaires leur viennent en aide dans les moments de gêne, et il est rare que la bienveillance de leurs patrons leur fasse défaut en temps de chômage. Il faut toujours, même quand les vins ne se vendent pas, une surveillance extrême dans les celliers, et des soins assidus qui occupent les tonneliers. Les femmes employées dans certains chais à boucher les bouteilles, à coller des étiquettes, à poser des capsules, gagnent près de 3 fr. par jour à la tâche, et elles travaillent presque toujours assises, sans grande fatigue.

Les charpentiers attachés aux chantiers de constructions navales reçoivent aussi des salaires qui suffisent à leurs besoins, et je pourrais citer un de ces chantiers, celui de MM. Chaigneau frères, à Lormont, où l'excellent esprit de la direction a constitué les ouvriers en une sorte d'association assez riche pour secourir les veuves et les orphelins de ses membres.

Le caractère général de modération et de réserve qui honore la classe ouvrière de Bordeaux est certainement dû, en grande partie du moins, aux bonnes traditions qui se sont religieusement conservées dans cette ville, en dépit des variations de la politique. Le travail industriel y a toujours emprunté quelque chose aux habitudes paternelles de l'agriculture et aux vues élevées du commerce maritime. La conservation obligée d'une partie des récoltes de la vigne a donné un heureux caractère de permanence aux occupations de tous les ouvriers employés dans les chais, et leurs rapports continuels avec les patrons n'ont pas peu contribué à la bonne intelligence qui n'a cessé de régner entre eux. Le même caractère se retrouve dans les chantiers de constructions navales et civiles, qui comprennent la majorité des ouvriers de Bordeaux. Il en est résulté des habitudes de politesse et de mutuels égards qui frappent d'étonnement les étrangers. On voit souvent dans les fêtes publiques, dans les réunions de simple curiosité, pendant les revues des troupes, les spectateurs des classes les plus humbles faire place aux femmes et aux enfants avec un empressement et une bonne grâce dont se dispensent trop facilement ailleurs les hommes le mieux élevés.

Il est difficile, pourtant, de se défendre d'un profond sentiment de tristesse quand on songe au développement de prospérité que recevrait cette magnifique région du midi, où le travail ne coûte rien à la santé et à la dignité de l'homme, où le mal social des grandes usines n'a jamais pénétré, si la liberté naturelle des transactions lui était rendue, et si l'agriculture y était affranchie des impôts qui frappent sur elle à coups redoublés. Un jour viendra sans doute où les législateurs de notre pays aboliront le fatal système qui consiste à écraser de taxes intérieures la plus française de nos productions, et à lui faire fermer les marchés étrangers en re-

présailles de l'exagération de nos tarifs de
douanes. Nos neveux auront peine à comprendre que nous ayons poursuivi si longtemps la
chimère d'un grand commerce maritime sans
élément de fret au retour, et sacrifié la population vigoureuse et paisible de nos ports aux
victimes rachitiques et turbulentes de nos grands
centres manufacturiers. La France expie chèrement aujourd'hui cette opiniâtre erreur de
tous les gouvernements qui se sont succédé depuis le ministère de Turgot et le traité de
M. de Vergennes. Elle a voulu forcer le cours
naturel des choses, paralyser le midi pour ex-
citer le nord, frapper la vigne et le mûrier au
profit du fer et du coton, pour ne pas payer,
dit-on toujours, tribut à l'étranger; et il lui
faut aujourd'hui payer tribut à la misère et subir la loi périodique des révolutions !

Cette misère du nord, inconnue dans le
midi, si horrible à Rouen et à Lille, si menaçante à Paris et à Lyon, n'est pas près de finir.
Dieu sait quels efforts de sagesse et de courage
il faudra faire pour l'adoucir; mais du moins ne
faudrait-il plus l'accroître, et le moment est-il
venu de détendre avec résolution et prudence

16

ce ressort dangereux. Le mal fatal de l'industrie française est de vivre d'une vie artificielle et précaire, et d'avoir transformé l'émulation en une véritable guerre d'extermination dont les excès frappent aujourd'hui tous les yeux. Nous avions la canne à sucre qui alimentait nos colonies et notre commerce maritime; nous avons élevé à grands frais la betterave, qui les a tués tous deux, et qui commence à ruiner la plupart de ceux qui la cultivent. Quand j'ai passé à Lille, les sucreries indigènes n'osaient plus faire de sucre; et quand j'ai revu, quelques jours après, les raffineries de Marseille, elles n'osaient plus raffiner. Les armateurs de Bordeaux désarmaient leurs navires, et répondaient tristement : « Comment naviguer sans retour, et quel plus important retour que le sucre ? » Pendant la même époque, les filateurs de coton et les fabricants de drap, protégés par la prohibition absolue, se lamentaient sur leur ruine et demandaient des primes à l'État pour exporter leurs produits. Quel régime ! et peut-il durer longtemps?

Tant que ce régime subsistera, il ne faut espérer aucun soulagement sérieux et durable au mal qui nous dévore. On verra grandir chaque jour la misère manufacturière et la décadence commerciale, parce que l'industrie et le commerce ne sont aujourd'hui, ni l'un ni l'autre, dans des conditions régulières d'existence. On semble croire sérieusement, puisqu'on l'affirme officiellement, que le but du système restrictif est d'assurer du travail aux ouvriers, et que le plus sûr moyen de leur en assurer est de fermer nos frontières aux draps et aux cotonnades étrangères; mais l'existence des ouvriers de l'industrie cotonnière, déjà si misérable, n'est-elle pas tous les jours à la merci de l'étranger pour la matière première qui les fait vivre? Nos fabriques de drap ne sont-elles pas tributaires de l'Allemagne pour les laines? Et conçoit-on quelque sérieuse alarme de cette servitude, qui est précisément le lien des nations au temps où nous vivons?

Une détente prudente et graduelle du système restrictif préviendrait le dénoûment inévitable et prochain qui attend les grandes industries protégées. Il faut que toutes ces industries privilégiées rentrent peu à peu dans le droit commun; et quoiqu'il puisse paraître étrange d'espérer leur salut d'un excès de concurrence, quand c'est du mal de la concurrence qu'il s'agit de les guérir, nous pensons que le régime de la liberté est le seul asile qui leur reste. Le premier effet de cette liberté progressive serait d'arrêter tout à coup le développement de la concurrence intérieure, et de faciliter aux fabriques destinées à disparaître une liquidation moins orageuse que celle dont elles sont menacées. Dans l'état présent des choses, les salaires, au sein des industries protégées, diminuent tous les jours, et les profits sont très-rares : à quoi bon, par conséquent, maintenir une situation qui tend à s'aggraver sans cesse et qui ruine les industries naturelles de la France, sans assurer l'avenir de ses industries factices? Loin de pousser les populations vers le travail manufacturier agglo-méré, source de tant de douleurs sociales et de dangers politiques, la prudence commande de les en arracher, au contraire, et de leur rendre l'aisance et la sécurité qu'elles ont perdues. La liberté du commerce, outre sa légitime raison d'exister, à titre de liberté, comme toutes les autres, dans un pays libre, est la seule ancre de salut qui reste à notre agriculture et à notre commerce maritime ; elle réserve aux ouvriers de l'industrie manufacturière même de nouveaux emplois, plus utiles pour eux, et surtout plus certains, que la misérable et variable tâche à laquelle ils sont condamnés aujourd'hui.

L'observation attentive de la condition actuelle des travailleurs dans les départements du midi présente à cet égard les garanties les plus rassurantes. La misère qui a désolé depuis un an les populations ouvrières du nord, particulièrement dans les districts manufacturiers, n'a fait qu'effleurer la zone du midi, et le contre-coup des troubles de Paris, de Rouen et de Lyon, y eût été presque insensible, si tout ce vain bruit de paroles n'avait cheminé dans les airs sur les ailes de la presse périodique. Les troubles éphémères du midi n'ont pas été, comme ceux du nord, l'œuvre d'une misère réelle et trop souvent désespérée, mais bien plutôt un plagiat inutile et sans motifs sérieux de justification. L'agitation de Toulouse, par exemple, et les troubles de Béziers, de Cette, de Montpellier, sont dus à cette classe d'hommes trop nombreuse parmi nous qui préfère le tumulte politique au travail régulier, et qui

16.

prétend gouverner l'État en vertu de la seule impuissance de le servir. Quand on examine de près l'origine de ces perturbations, il est impossible de n'y pas reconnaître pour acteurs principaux des étudiants sans valeur, des commis sans instruction, des oisifs sans carrière sérieuse ; le véritable peuple, celui qui travaille, n'y figure que comme spectateur ou victime, et n'y prend jamais qu'une part accidentelle.

Assurément, ce n'est pas la vraie population de Marseille qui a troublé le repos de cette ville, si remarquable par sa prospérité, même pendant la période douloureuse que la France tout entière a eue à traverser depuis un an. Marseille se distingue aujourd'hui comme Bordeaux, plus que Bordeaux même, en raison de sa situation sans rivale sur la Méditerranée, par l'accroissement continu de sa fortune industrielle et commerciale. Elle n'a pas, sans doute, comme Bordeaux, dans ses admirables vignobles, une base d'exportations inépuisable ; mais elle possède plusieurs industries spéciales qui lui en tiennent lieu et qui sont parvenues à une très-haute réputation. Il convient de placer au premier rang ses quarante savonneries, toutes situées dans l'intérieur de la ville et dont la production annuelle s'élève à plus de 40 millions de francs. Vingt fabriques de soude factice et quinze huileries complètent l'ensemble de cette belle fabrication, dont le mouvement ne s'est pas ralenti et qui fournit un élément de fret important à la marine marchande. Les raffineries de sucre et les minoteries, et depuis quelque temps une magnifique usine de construction pour les machines à vapeur et des tubes de fer étiré destinés à la marine ou aux chaudières des locomotives, ont élevé la ville de Marseille à un rang distingué parmi les cités manufacturières.

Mais c'est surtout le développement rapide de la navigation qui lui assure désormais le sceptre de la Méditerranée, et qui ouvre par elle de nouveaux horizons au travail des habitants du midi de la France. Marseille est aujourd'hui le point de départ de toutes les communications à la vapeur entre l'Europe, l'Afrique septentrionale et l'Asie. Ses services réguliers de paquebots la mettent en rapports continuels avec la Corse, l'Italie, la Grèce, l'Espagne, la Turquie et l'Égypte. Le nouveau port dont elle vient d'être dotée ne tardera pas à être insuffisant, et il est facile de prévoir qu'une partie de sa prospérité rejaillira sur les ports voisins, tels que ceux de Cette et de Cannes, qui ont pris depuis quelques années le plus brillant accroissement. Aussi les classes ouvrières jouissent-elles, à Marseille, d'un degré d'aisance et d'indépendance inconnu dans les villes manufacturières du nord. Les savonneries et les huileries y étaient en pleine production, pendant que le travail languissait dans les fabriques septentrionales, et les constructeurs de machines de cette ville avaient des commandes assurées pour un an, tandis que, dans une seule usine des environs de Rouen, le contre-coup du désordre social avait réduit des quatre cinquièmes une masse de travaux qui s'élevaient à plus de treize millions de francs.

Il est facile d'apprécier la supériorité d'une telle situation, et l'influence qu'elle doit exercer sur le sort des classes ouvrières. Outre les travailleurs attachés à ses industries spéciales, tels que les savonniers, huiliers, tanneurs, raffineurs, constructeurs, tous ou presque tous constamment occupés à l'année, on peut juger du nombre de mariniers, cordiers, calfats, peintres, menuisiers, charpentiers, qui vivent du mouvement naval, librement, sainement, au grand air et sans être astreints à aucune de ces servitudes qui pèsent si durement sur les ouvriers des manufactures. Toute cette classe employée aux travaux du port de Marseille n'a jamais eu rien à craindre des revirements si fréquents dans les industries protégées. Ce sont de vrais bourgeois de la ville, généralement bien logés, faisant trois repas substantiels par jour, mangeant du pain très-blanc et buvant à bon marché des vins du pays, généreux et fortifiants. La corporation des portefaix constitue parmi eux une véritable aristocratie, soumise à la règle la plus sévère et investie de priviléges exorbitants; elle compte plus de deux mille membres réunis en confrérie ou association de bienfaisance, et elle domine en souveraine sur toute l'étendue du port.

L'histoire de cette confrérie, dont les statuts rappellent ceux des arts et métiers de Florence avec leurs *prieurs* et leur organisation, mériterait une attention particulière, si elle n'était pas fondée sur un principe tout à fait contraire à la

liberté du travail. Les portefaix de Marseille ne
se sont fait pardonner et continuer leurs priviléges que par la régularité exemplaire de leur
conduite et par la confiance absolue qu'ils ont
su obtenir du commerce. Ils sont presque tous
les hommes d'affaires des négociants de la ville,
et la surveillance qu'ils exercent sur tous les
membres de leur corporation a maintenu parmi
eux des traditions d'honneur inaltérables. Ils
n'admettent aucun étranger dans leur sein, et
les candidats nationaux ne doivent exercer aucune autre profession que celle de portefaix.
Leur élection est soumise à un examen préala-
ble confié à quatre commissaires, et l'admission
définitive n'est prononcée qu'après le versement
d'une somme de mille francs dans la caisse de
la société. Il n'est pas rare de compter parmi
ces ouvriers des hommes qui gagnent 10,000
francs par an, et la corporation elle-même est
si riche, que son syndicat a contribué pour
50,000 francs au capital du comptoir d'escompte
formé à Marseille depuis les événements de février, tandis que la plus forte part de chaque
banquier n'a pas dépassé la moitié de cette
somme.

En général, toutes les classes d'ouvriers de la ville de Marseille jouissent d'une aisance relative qui passerait pour de l'opulence partout ailleurs. Leurs femmes ne sont pas astreintes à des travaux fatigants, et leurs enfants se portent beaucoup mieux que dans les pays de manufactures. On pourrait leur reprocher seulement de ne pas les envoyer régulièrement à l'école, et de les laisser vivre trop habituellement de cette vie errante, si facile à comprendre sous le beau ciel de la Méditerranée. Ainsi, tandis que les écoles de Bordeaux comptent 20,000 écoliers sur 125,000 habitants, celles de Marseille n'en reçoivent que 15,000 sur une population de plus de 180,000 âmes; 5,000 enfants environ demeurent ainsi complétement privés d'instruction dans cette grande cité, et ne promettent pas l'exemple de beaucoup de vertus quand ils arriveront à l'âge de raison.

Cependant les plaisirs de l'ouvrier marseillais sont d'une nature infiniment plus régulière que dans les pays du nord, et même d'une originalité qui lui fait honneur. Le comble de son ambition est de posséder ce qu'il appelle un *cabanon*, c'est-à-dire une petite maison de campa-

gne ayant vue sur la mer, pour y aller faire le
dimanche un modeste repas de famille. Quelquefois les ouvriers s'associent entre eux pour
acquérir une de ces maisonnettes, qui leur servent d'abri plutôt que de demeure, et ils vont à
la pêche ou à la chasse, dans l'espoir d'une
capture qui se réalise rarement. Plus souvent,
on les voit, assis des journées entières, les yeux
fixés sur la mer, dans une attitude contempla-
tive, suivre la marche des navires qui cinglent
vers le port ou qui en sortent. C'est le vrai
charme de leur vie, et ces goûts poétiques leur
sont communs avec tous les habitants du littoral.
Leur imagination s'élève et s'exalte à l'aspect
des scènes grandioses de la mer, et tel est l'ascendant irrésistible exercé par ce grand spectacle, qu'ils y soumettent bientôt les ouvriers des
départements les plus éloignés, en les entraînant
avec eux vers leurs bastides.

Depuis quelques années, ceux qui restent en
ville ou dans la banlieue ont fondé, à frais communs, des cercles de réunion où ils lisent les
journaux, jouent au billard et passent leurs soi-
rées. La plupart de ces cercles possèdent de
petites bibliothèques très-fréquentées, dont

l'heureuse influence a fait disparaître peu à peu celle des clubs, un moment nombreux, aujourd'hui presque entièrement déserts ou tout à fait abandonnés. Mais le compagnonnage est toujours en vigueur, et les vieilles règles des confréries exercent toujours tant d'empire, qu'il en résulte parfois des luttes vives et des conflits d'attribution interminables. L'*aspirant* est tenu de saluer le *compagnon* avec autant de rigueur que le soldat son officier. Le compagnon mange dans le salon et l'aspirant dans l'antichambre. Au théâtre même, l'aspirant est obligé de céder sa place au compagnon, et il n'y a pas de hiérarchie plus intolérante que dans ces régions de l'égalité. C'est même un fait digne d'attention, que l'esprit d'exclusion des vieilles corporations se soit ranimé plus impérieux que jamais par toute la France, depuis la révolution de février.

Tel est l'esprit dominant de la singulière époque où nous vivons. Jamais on n'a tant parlé de liberté et réclamé tant d'exclusions. Les chefs de l'industrie veulent exclure du marché national tous les produits étrangers, et les ouvriers prétendent renvoyer de France tous ceux qui viennent du dehors. Nous avons vu les *fil-*

17

*tiers* de Lille demander des restrictions contre les filtiers, aussi français qu'eux, de Commines et de Wervick, et les ouvriers de Lyon marcher contre ceux de la campagne parce qu'ils travaillaient à meilleur compte qu'eux. Ainsi, tandis que les progrès de l'esprit philosophique, les chemins de fer, les bateaux à vapeur et nos besoins de tous les jours tendent à rapprocher les nations, le cynisme grossier des intérêts privés ne craint pas de réclamer, sous couleur de protection, le rétablissement des barrières intérieures. Aucun pouvoir supérieur n'est assez fort pour faire dominer la voix de l'intérêt général sur ces myriades de prétentions privées qui s'appellent le travail national, à peu près à aussi juste titre qu'une émeute de faubourg s'arroge le droit de représenter le vœu du peuple tout entier. Il faudra beaucoup de temps pour guérir notre pays de ces tristes tendances, et pour y rétablir le respect de l'autorité, qui, seule, peut mettre un terme à la lutte des intérêts, en les conciliant par la science ou en les contenant par la fermeté.

Le tableau rapide que je viens de présenter à l'Académie du véritable état des classes ouvrières au nord et au midi, et dont j'essaierai bientôt de tirer les conclusions qui serviront de réponse au programme qu'elle a posé, permet déjà d'entrevoir quelle sera la solution probable du grand problème que cette situation nous a donné à résoudre. Il est évident qu'il existe une différence énorme entre la condition des ouvriers du midi et celle des ouvriers du nord. On ne saurait contester non plus que, dans la région du nord, les ouvriers des industries mécaniques, et principalement ceux de la filature et du tissage, ne soient plus malheureux que les autres, et, parmi eux, les ouvriers des villes beaucoup plus que ceux des campagnes. C'est dans cette catégorie de travailleurs que les femmes souffrent le plus et courent le plus de dangers; c'est là qu'il est fait le plus funeste abus du travail des enfants, et que la génération actuelle est attaquée sans pitié dans sa fleur. C'est dans cette région industrielle que s'exercent principalement les ravages de l'immoralité, de l'ivrognerie, des mauvaises passions; c'est là qu'existe en permanence ce déplorable enseignement mutuel de tous les vices, où les vieux corrompent les jeunes, où les deux sexes subissent l'un et l'autre la plus fâcheuse influence.

L'organisation du travail dans le midi n'a rien de commun avec un tel état de choses. Le travail ne s'y exerce point en serre chaude et en ateliers fermés, comme dans le nord. Presque toutes les industries du midi laissent à l'ouvrier son entière indépendance ; elles s'appliquent à la production ou à l'exploitation des produits du sol, ici à celle de la soie, ailleurs à celle de la vigne, plus loin à celle de l'olivier ; sur tout le littoral, aux travaux maritimes ; dans les grandes villes comme Bordeaux et Marseille, aux constructions navales, à la tonnellerie, à la fabrication du savon, à l'extraction du sel dans les salines. Dans les localités même où l'industrie semble être établie de la manière la plus conforme aux procédés de celle du nord, comme à Lodève, à Castres, à Nîmes, les résultats ne sont pas non plus les mêmes ; le paupérisme n'y a aucun des caractères sinistres qui le distinguent à Rouen, à Lille, à Reims, à Amiens. L'ouvrier habite généralement une maison dont il est le maître, ou bien il possède un petit champ dont la culture fournit un supplément à son salaire. Sa nature indépendante se refu-

serait à subir les servitudes de l'ouvrier enré-
gimenté du nord, et il fuit les secours de l'hôpital avec autant de résolution que celui-ci met
d'empressement à les rechercher, ou de résignation à les recevoir.

L'avenir des populations du midi laissera
bien loin derrière lui les avantages relatifs de
leur situation actuelle, quand l'agriculture y
aura reçu les développements immenses qu'elle
attend du système à peine naissant des irriga-
tions, et quand le commerce, rendu à ses im-
prescriptibles droits, pourra se mouvoir librement dans une sphère d'action sans limites. On
peut déjà voir, aux changements qui s'opèrent
dans la banlieue de Marseille, quelles seront
les conséquences de cette création plus grande
qu'aucune œuvre des Romains, et si universel-
lement admirée aujourd'hui sous le nom de
canal de la Durance. Le génie entreprenant de
nos concitoyens du midi essaie de conquérir
dans le delta du Rhône, à l'aide de la culture
du riz, un département tout entier, où la liberté
du commerce du sel créerait du même coup, et
plus vite peut-être, les éléments d'un revenu
immense dans les salines de Peccais. Il n'y a

17.

rien de supérieur en aucun pays aux vallées du département du Var qui longent la Méditerranée, à la plaine de Vaucluse, à la vallée du Grésivaudan dans le Dauphiné, aux départements de la Drôme, du Gard, au territoire de Béziers, et au bassin entier de la Garonne, de la Dordogne et de l'Adour.

Ces contrées admirables sont aujourd'hui séparées du monde par des lois économiques qui maintiennent autour d'elles une muraille plus haute que les Alpes et les Pyrénées. De quoi servent à Bordeaux son beau fleuve, et à Marseille ses deux ports, en présence de cette barrière insurmontable qu'on appelle un tarif de douanes? 15 millions d'habitants en Espagne, 25 millions en Italie, voilà le marché naturel et assuré de nos populations du midi, sans parler de l'Algérie, qui ne fait que de naître, et de l'Orient qui ne peut se décider à mourir. On aura beau soutenir pendant quelque temps encore le système qui paralyse cet irrésistible essor, la France méridionale penchera de ce côté de sa destinée, comme le Rhône descend vers la Méditerranée, grossi des eaux de la Saône, et porteur de tous les produits qui abondent sur leurs rives. Si le chemin de fer de Paris à Marseille avait été ouvert le premier, et celui de Bordeaux le second, selon l'ordre naturel et rationnel des choses, le grand mouvement de renaissance du midi, qui commence à se manifester aujour-d'hui, aurait déjà acquis des proportions im-menses et presque incalculables.

Tous les hommes qui se préoccupent sérieu-sement de la solution des questions relatives au sort des classes ouvrières, doivent désirer qu'on la cherche dans la liberté, au lieu de la chercher dans le monopole, qui a produit des fruits si amers. On peut affirmer désormais, sans crainte d'erreur, que le système restrictif est une des causes les plus directes de l'exagération de la concurrence, de l'agglomération des ouvriers dans les villes et du paupérisme qui les trouble et les inquiète. C'est ce système qui a jeté nos fabriques dans les périls de la production illi-mitée, en même temps qu'il leur fermait tous les débouchés par l'exagération des tarifs. Quand la tempête de février a éclaté sur notre pays, on a vu combien était fragile et insuffi-sant cet édifice protecteur autour duquel se sont amassées tant de ruines. Le travail des régions

du midi n'a presque point souffert d'atteinte,
parce qu'il reposait sur une base plus solide, et
en même temps les utopies déchaînées contre la
société française y ont eu peu d'accès.

Cette grande expérience aura sans doute une
haute signification auprès des esprits éclairés
de notre pays. Ceux qui ne se laissent point
émouvoir par le fracas des rues, ni par les cla-
meurs intéressées de la routine, ni surtout par
la coalition des intérêts privilégiés, compren-
dront que nous marchons vers le dénoûment
d'une situation pleine de périls et qui ne permet
plus d'hésitation. Ils se demanderont si un système qui a produit de tels résultats dans le
nord, au grand détriment du midi, n'est pas
définitivement jugé. Ce qui reste à décider maintenant, c'est de savoir si, quand tout tend à
propager les libertés dans le monde, nous ne
repousserons que les libertés qui fécondent
pour courir après celles qui dévastent ; si, quand
l'Europe s'apprête à renverser ses barrières,
nous maintiendrons les nôtres, et si nous pour-
suivrons toujours la chimère d'une production
sans bornes en présence d'un marché sans is-
sue. Le travail est évidemment engagé dans une

voie désastreuse dont il faut se hâter de le faire sortir. L'Europe n'y parviendra pas sans douleurs et sans tiraillements ; mais la pire des solutions serait de n'en chercher aucune et d'attendre, comme des musulmans, les arrêts du destin.

## CONCLUSION ET RÉPONSES AU PROGRAMME DE L'ACADÉMIE.

Nous avons exposé à l'Académie le tableau rapide et sincère de la situation des classes ouvrières dans les centres industriels qu'elle nous a chargé d'explorer. Le moment est venu de résumer nos observations, sous forme de réponses aux questions du programme rédigé en son nom. Ces questions sont au nombre de sept :

1° Rechercher quelle est l'éducation physique et morale des enfants d'ouvriers ;

2° Quelle est sur les mœurs et le bien-être des ouvriers l'influence de la vie de famille, de l'esprit religieux et des lectures auxquelles ils se livrent habituellement ;

3° Quel est l'effet des diverses professions

sur la santé et le caractère des populations ouvrières ;

4° Quelles sont les causes économiques auxquelles on doit attribuer le malaise de ces populations, et si ces causes sont différentes pour
les populations manufacturières et pour les populations agricoles ;

5° Quelles sont les industries les plus exposées aux chômages, et les causes habituelles de
ces chômages ;

6° Si l'association entre ouvriers est un
moyen d'améliorer leur sort, et s'il existe des
exemples qu'on pourrait utilement imiter ;

7° Quels progrès sont survenus depuis vingt-
cinq ans dans la condition des ouvriers, et
quelles ont été les causes de ces progrès?

Nous allons essayer de répondre à chacune
de ces questions d'une manière nette et catégo-
rique.

*Première question.* « Quelle est l'éducation
physique et morale des enfants d'ouvriers? »

*Réponse.* Cette *éducation*, dans le vrai sens du
mot, n'existe point en France. L'État a fait,
depuis la loi du 23 juin 1833, de grands et généreux efforts pour l'*instruction* primaire de la

jeunesse : il a multiplié les écoles, formé des maîtres nombreux et instruits, quelques-uns trop instruits peut-être ; il a augmenté le matériel des établissements, soit par des secours départementaux, soit par des subventions communales : mais le grand problème de l'éducation reste encore à résoudre. Dans l'état présent des choses, les enfants d'ouvriers ne reçoivent à l'école qu'une simple instruction élémentaire, presque partout dépourvue d'enseignement moral, et complétée d'une manière trop imparfaite par l'enseignement religieux de la paroisse.

L'instruction elle-même est d'ailleurs très-inégalement répartie dans les cinq grandes régions que nous avons eu mission de parcourir. Ainsi il existe dans le département de la Seine-Inférieure, 1,156 écoles, auxquelles sont admis 66,500 enfants, dont le tiers gratuitement, et dans 424 de ces écoles, les deux sexes sont encore réunis dans le même local et sous le même maître. La proportion moyenne du nombre des enfants à la population du département est du onzième, et dans la ville même de Rouen, du quinzième. Dans le département du Nord, on compte près de 1,400 écoles, renfermant un personnel de 116,000 enfants, dont 50,000 reçoivent l'instruction gratuite. A Lyon, le nombre total est de 46,730, de six à quatorze ans, pour le département ; à Marseille, pour la ville seule, il est de 15,000 environ sur une population de plus de 180,000 habitants, soit du douzième. A Bordeaux, ainsi que nous l'avons vu, la proportion est du septième. Il résulte de toutes les observations faites dans ces départements et des relevés officiels vérifiés dans plusieurs autres, que partout l'influence du régime manufacturier contribue à détourner les enfants des écoles pour les diriger vers l'atelier, où trop souvent ils sont soumis à la contagion du mauvais exemple et démoralisés pour toute la durée de leur vie.

Ainsi, le premier fait déplorable à constater dans la classe ouvrière, c'est la stérilité des efforts tentés par l'État en faveur de l'instruction d'un grand nombre d'enfants, et son impuissance absolue relativement à l'éducation de tous. Cette stérilité et cette impuissance sont plus marquées dans les villes de fabrique que dans les autres. La plupart des enfants, abandonnés dès leurs premiers pas dans la vie, à cause de la détresse ou de l'insouciance de leurs parents, contractent de bonne heure des habitudes de vagabondage et de paresse incurables. Ils ne vont jamais ni à l'école ni à l'église. Plusieurs s'exercent à des métiers sans nom, pires que la mendicité même, et qui détruisent sans retour dans leurs âmes le sentiment de la dignité humaine. Il y en a qui n'ont jamais connu du foyer domestique que la misère et la discorde, et qui, ayant toujours manqué du strict nécessaire, se sont accoutumés à attendre du hasard ou de la charité publique une existence précaire et misérable. Leur constitution débile n'atteste que trop aussi l'insuffisance de leur éducation physique. Conçus dans la souffrance, nés au sein des privations, élevés dans des réduits infects ou sur la voie publique, ces malheureux enfants n'arrivent pas souvent à la *consistance d'homme*, et nous avons déjà dit combien il en fallait éliminer à vingt ans des cadres du recrutement de l'armée, pour trouver parmi eux quelques soldats en état de supporter les fatigues du service.

La loi sur le travail des enfants dans les ma-

18

nufactures a eu pour but de remédier à ces
maux, mais elle n'est point exécutée. On rencontre encore, dans toutes les fabriques, une
foule d'enfants occupés avant l'âge fixé par cette
loi, et qui portent des traces non équivoques de
cet emploi prématuré. Ce ne sont pas les seuls
qui souffrent d'un abus aussi funeste. La loi n'a
point atteint ces ateliers de famille, où l'excès
du travail dépasse toute mesure, et dans lesquels les enfants entassés, sans air et sans lumière, souffrent des maux cent fois pires que
ceux des grandes manufactures, où du moins
ils ne manquent ni de jour ni d'espace. Ainsi on a
vu dans un canton de l'arrondissement de Cam-
bray (le canton de Clary), presque entièrement
voué au travail domestique, la proportion des
réformes pour infirmités, faiblesse de constitution ou défaut de taille, excéder celle de l'arrondissement de Lille, si connu par l'influence
meurtrière de ses caves. Il est évident que c'est
surtout à l'action délétère des habitations que
sont dues les infirmités précoces des enfants et
les fléaux de toute espèce qui les déciment (1).

(1) Voici, à ce sujet, un passage décisif, extrait du rap-

Tant que la société n'aura pas trouvé le moyen de garantir l'enfance de cette double attaque sans cesse dirigée contre son développement physique et moral, il ne faut espérer aucune amélioration sérieuse dans le sort des classes ouvrières. Les crèches et les salles d'asile sauvent bien la vie ou la santé à quelques enfants ; mais elles n'exercent qu'une action très-limitée sur

port fait en 1848 à la chambre de commerce de Lille, par l'un de ses membres.

« La dégénérescence de notre population ouvrière, dégénérescence qui frappe si tristement les yeux et le cœur, et qui trouve l'une de ses principales causes, pour ne pas dire la première, dans les conditions inhumaines et immorales du logement des ouvriers, est un reproche vivant auquel notre cité doit avoir à cœur de se soustraire sans retard. Il ne faut plus qu'à côté des titres d'illustration nombreux et si légitimes qu'elle peut revendiquer, se rencontre cette triste renommée qui lui est faite d'être l'un des centres manufacturiers où les conditions de la vie intime et domestique de l'ouvrier sont les plus misérables, les plus incomplètes, les plus aggravantes de la démoralisation. Il faut qu'un remède énergique, efficace, prochain, soit trouvé à ce mal ; et si les indications qui ont été fournies jusqu'ici y sont reconnues inapplicables, que d'autres plans surgissent, que d'autres moyens soient proposés, mais que la question dont il s'agit reste à son rang, et ce rang me paraît être l'un des premiers dans l'ordre des améliorations publiques à conquérir. »

la période plus avancée de leur existence, et ces infortunés retombent dans l'abandon précisément à l'âge où il faudrait leur inculquer les éléments les plus indispensables de la morale. Le mal est encore plus grand pour les filles que pour les garçons. Les garçons trouvent quelquefois dans le travail, même excessif, auquel ils se livrent, un remède contre le vice ; mais les filles ne trouvent pas toujours du travail, et elles sont exposées de bonne heure, d'une manière vraiment effrayante, aux ravages de l'oisiveté. L'école est plus nécessaire et plus efficace pour elles que pour les garçons, car elles exercent habituellement, une fois devenues épouses et mères, l'influence prépondérante dans le ménage, et c'est d'elles seules qu'il faut attendre la réforme du foyer domestique dans les populations ouvrières.

Nous avons déjà signalé le principal écueil de l'éducation ; c'est l'absence de leçons de morale, trop souvent celle des bons exemples, et surtout l'oubli complet de l'enfant, quand il approche de l'âge d'homme. On dirait qu'un simple apprentissage de métier suffit à toutes les nécessités de sa carrière. Personne ne lui parle

plus de religion ni de morale, au moment même
où la grande voix du devoir devrait exercer le
plus d'empire sur ses passions naissantes. C'est
la période critique de l'existence, et peut-être
celle où l'intervention bienfaisante et éclairée
de la société devrait se faire sentir davantage.
L'enfant est abandonné à lui-même à ce moment précis où il avait le plus besoin d'être
soutenu : son intelligence, plus accessible aux
impressions généreuses, l'est aussi, malheureusement, aux entraînements de l'erreur, et le
jeune homme ne succombe trop souvent que
parce que la main bienveillante d'un guide s'est
retirée de lui. Quand on compare entre eux
divers ménages d'ouvriers, vivant du même salaire et chargés du même nombre d'enfants,
on est vraiment surpris des trésors de bien-être
que renferme la valeur morale des uns et des
abîmes de misère ouverts par l'intempérance
ou l'immoralité des autres ; on comprend mieux
alors l'importance de l'éducation, et on regrette
plus vivement que tous les bons esprits ne
conspirent pas en faveur de la seule réforme
d'où découleraient toutes les autres, comme
d'une source naturelle.

18.

Cette immense question de l'éducation physique et morale des enfants d'ouvriers renferme tout l'avenir de la société actuelle. C'est là qu'il faut porter une main ferme et hardie. Les résultats les plus favorables sont assurés d'avance à quiconque entreprendra cette réforme du gouvernement des âmes, jusqu'ici abandonnée au hasard ou à la pernicieuse influence des partis. Apprendre à lire et à écrire à des enfants, c'est chose utile et sage, sans doute, à condition qu'on ne leur aura pas fourni seulement un instrument de ruine et de perdition, au lieu d'un élément salutaire de perfectionnement moral. Car si les enfants ne devaient jamais lire que des journaux incendiaires, ou des livres obscènes, mieux vaudrait cent fois pour eux la vieille et loyale ignorance de leurs pères, mieux vaudrait rétrograder vers l'origine des âges que d'empoisonner des générations tout entières de doctrines anarchiques et antisociales, telles que celles qu'on essaie de propager de nos jours.

Il suffit d'observer avec attention ce qui se passe sous nos yeux pour apprécier l'urgente nécessité d'un grand système d'enseignement moral pour les classes ouvrières ; hélas ! et même pour les classes moyennes de la société. Si les vérités élémentaires de l'ordre moral et politique avaient été plus répandues dans notre pays, ce n'est pas dans des feuilles subversives que les populations apprendraient aujourd'hui quelles sont les vraies relations du capital et du travail, et sur quelles bases fondamentales le principe de la propriété repose. Les doctrines étranges que nous entendons prêcher comme une religion nouvelle n'auraient eu aucun crédit parmi le peuple, et nous ne verrions pas la société réduite à se justifier, autant qu'à se défendre contre les attaques de l'ignorance et du fanatisme coalisés. C'est une preuve qui lui était nécessaire peut-être pour reconnaître toute la gravité du mal dont elle est atteinte et pour la déterminer à y porter remède.

*Deuxième question.* « Quelle est sur les mœurs et le bien-être des ouvriers l'influence de la vie de famille, de l'esprit religieux et des lectures auxquelles ils se livrent habituellement ? »

*Réponse.* L'exemple le plus frappant de l'influence de la vie de famille sur les mœurs et le bien-être des populations, est la différence profonde qui existe entre les travailleurs des villes et ceux des campagnes. On ne saurait comprendre, à moins de l'avoir vu, à quel point la vie de famille contribue à fortifier les habitudes d'ordre et d'économie parmi les classes ouvrières. C'est grâce à ces habitudes que les paysans se maintiennent sains et robustes dans nos campagnes, à l'aide d'un salaire qui serait insuffisant à l'ouvrier des villes. Un cultivateur des Landes, de la Basse-Bretagne et des Alpes, vivrait exempt de soucis pendant toute l'année, avec le budget d'un ouvrier de Paris pendant une quinzaine. Mais la vie de famille devient de plus en plus rare parmi les ouvriers de manufactures, surtout dans les villes, où leurs logements étroits ou insalubres ne sont considérés par eux que comme des abris nocturnes et passagers. La famille se dissout bien vite au contact de l'air méphitique des caves de Lille et des greniers de Rouen, et mieux vaut jeter un voile discret sur ces tristes demeures, que d'y poursuivre jusque dans leurs plus déplorables écarts les conséquences de la promiscuité forcée des habitants.

L'intempérance et l'ivrognerie sont deux fléaux les plus habituels des ouvriers de manufactures. Il convient d'y joindre l'abus du tabac, ruineux et impérieux tout à la fois, qui est devenu aussi commun que les excès de boisson et non moins abrutissant. Dans le département du Nord, c'est un penchant irrésistible ; on voit même beaucoup de femmes fumer, et les enfants adoptent cette fatale habitude, souvent dans un âge fort tendre. Il est facile de les reconnaître à leur air hébété, à leurs lèvres baveuses et à une certaine fixité du regard, qui concorde presque toujours avec la perte ou l'affaiblissement de la mémoire. Je considère l'usage immodéré du tabac comme l'une des causes de l'isolement des ouvriers et comme une source fâcheuse et continuelle de dépenses pour eux. Ils perdent ainsi tout à la fois leur temps et leur argent, fréquentent les tabagies, au grand détriment du foyer domestique, et ils y contractent des habitudes ou des liaisons presque toujours regrettables. L'usage du tabac devrait être rigoureusement interdit aux femmes et aux enfants ; c'est le commencement de tous les désordres.

L'esprit religieux est bien rare et purement passif. J'ai interrogé à ce sujet les chefs d'usines, le clergé, les ouvriers eux-mêmes, et je me suis convaincu qu'en général ils fréquentaient fort peu les églises après leur première communion. Ils respectent les prêtres, mais ils les écoutent peu. Ils ne lisent jamais de livres pieux ou édifiants ; le petit nombre des ouvriers *lettrés* préfère des chansons grivoises ou des romans licencieux aux lectures sévères, Quelques vieux militaires lisaient à la veillée des récits de batailles ; mais, depuis la révolution de février, les journaux violents sont devenus la principale base de toutes les lectures. On trouve pourtant dans certaines villes, à Lyon, à Bordeaux, à Marseille, des ouvriers d'élite qui possèdent de petites bibliothèques parfaitement composées, et qui discutent avec beaucoup de sens des questions philosophiques, économiques et politiques souvent très-élevées. Mais le nombre en est malheureusement fort restreint.

C'est la rareté et la cherté des bons livres appropriés à l'état de leurs connaissances, bien plus que la répugnance à les lire, qui explique la préférence donnée jusqu'à ce jour par les ouvriers aux publications sans valeur dont nous avons parlé. Si l'État faisait vendre à bon marché, dans les villes et dans les villages, de petits livres bien rédigés sur des sujets de morale et d'histoire, et contenant en outre quelques notions usuelles d'agriculture ou de jardinage, ces livres exerceraient une favorable influence sur les esprits, dissiperaient beaucoup de préjugés, et concourraient puissamment au rétablissement de l'ordre. On ne saurait estimer à sa juste valeur l'action continuelle d'un petit nombre de volumes, sans cesse lus et relus, sur l'intelligence de beaucoup de ces lecteurs naïfs et sincères, qui les sauraient bientôt par cœur, et qui finiraient par s'en servir comme d'un guide fidèle dans la conduite de la vie. A défaut d'autre enseignement moral, celui-là neutraliserait du moins le mauvais effet des lectures frivoles ou pernicieuses, et détournerait plus d'un ouvrier honnête de la fréquentation des cabarets ou des clubs.

L'influence de la vie de famille se fait sentir plus vivement dans les régions du midi que dans celles du nord, parce que le travail du nord occupe beaucoup plus les femmes, et les détourne ainsi des soins du foyer domestique. Dans les manufactures de coton, filature ou tissage, les ouvriers prennent leurs repas à la course, souvent debout et sans avoir le temps de se livrer à aucun entretien intime avec leurs femmes et leurs enfants. Quand ils rentrent chez eux le soir, les uns et les autres, exténués de fatigue, ils se hâtent de donner au sommeil le petit nombre de moments dont ils peuvent disposer. L'une des réformes les plus favorables à la conservation de l'esprit de famille, serait de diviser la journée de travail en deux parts séparées par un intervalle de deux heures, dont la moitié pourrait être consacrée à l'école par les enfants, et l'autre moitié à un repas suivi de récréation. La mère profiterait de cette liberté salutaire pour établir l'ordre et la propreté au logis, où le père serait plus souvent retenu, au grand profit de la famille entière. Les cabarets n'ont pas seulement pour effet de détourner et de démoraliser l'ouvrier ; ils absorbent presque toujours les ressources du ménage, et c'est là que vient s'engloutir ordinairement la meilleure partie du salaire.

Nous sommes forcé de le redire : Les ouvriers sont trop abandonnés à eux-mêmes à partir de l'âge de puberté! Ceux qui ont reçu quelques leçons de morale dans leur enfance, les oublient promptement au contact de l'atelier; et c'est même un fait digne de remarque, que l'on trouve encore tant de bons instincts et de sentiments généreux dans ces hommes incultes, exposés sans défense à toutes les séductions du vice et aux mauvais conseils de la misère. Qui remplira désormais les hautes fonctions de moralisateur dans notre société industrielle, à ce point de la vie où l'enfant échappe à l'instituteur, au prêtre et à sa propre famille! et avant ce terme même, qui comprendra l'immense responsabilité qui pèse sur la société tout entière, si elle ne se hâte de pourvoir au soin des âmes, dans ces régions où le travail acharné de chaque jour suffit à peine aux besoins matériels de l'existence! Le rôle du prêtre n'est pas fini, ni celui du philosophe; jamais ils n'eurent l'un et l'autre de plus grands devoirs à remplir; le développement excessif de l'industrie a créé de nouvelles épidémies dans l'ordre moral, bien plus redoutables que celles du monde physique et bien plus difficiles à guérir.

19

*Troisième question.* « Quel est l'effet des diverses professions sur la santé et sur le caractère des populations ouvrières ? »

*Réponse.* Une réponse complète à cette question nécessiterait la revue générale de toutes les industries ; cependant il est permis de faire une réponse satisfaisante par groupes de fabriques, de manière à donner à l'Académie une juste idée du véritable état des choses. En général, et sauf un petit nombre d'exceptions, les conditions hygiéniques du travail sont infiniment meilleures aujourd'hui qu'elles ne l'étaient il y a quelques années, et l'on peut affirmer que partout les manufacturiers ont fait de louables efforts pour assainir leurs usines et pour éviter à l'ouvrier la plupart des nécessités auxquelles il payait tribut. Les filatures de coton et de lin nouvellement bâties ne laissent rien à désirer sous le rapport de l'étendue, de la ventilation, du chauffage, de l'éclairage et de la propreté. Il en est qu'on pourrait comparer à de véritables palais et dans lesquelles la santé de l'ouvrier, loin de souffrir d'une réclusion momentanée, se fortifie au contraire et se remet des privations qu'il éprouve au foyer domestique.

Les seuls travaux qu'on n'ait pu encore rendre tout à fait inoffensifs sont : le battage et l'épluchage du coton, qui produit souvent la phthysie et des ophthalmies graves, à cause de la poussière et des flocons de duvet qui pénètrent dans les organes de la respiration et de la vue ; le tissage à bras, par suite de la pression à peu près continuelle exercée sur la partie inférieure de la poitrine ; et dans les filatures de lin, le battage et l'époussetage, dont on n'a pu modifier encore par des ventilateurs, comme dans l'industrie cotonnière, les funestes effets. Les ouvriers de cette catégorie vivent constamment dans une atmosphère poudreuse, comme celle du désert, et j'ai peine à m'expliquer comment ils y résistent des journées entières, n'ayant pu moi-même en supporter l'action pendant plus d'une heure, sans être atteint d'une toux violente et opiniâtre. Il y a aussi une autre opération de la filature du lin qui exige dans certains ateliers une humidité continuelle dont les ouvriers ne peuvent se préserver, malgré leurs chaussures de bois, leurs tabliers de cuir et toutes les précautions dont on ne cesse de les entourer. Les filatures de laine et les manufactures de draps exhalent une odeur d'huile qui cause des nausées incommodes plutôt qu'insalubres, mais le travailleur finit par s'y accoutumer. Dans l'industrie des impressions au rouleau, les ouvriers occupés à rincer les pièces à l'eau courante ont habituellement les pieds et les mains mouillés, tandis que les femmes, enfermées demi-nues dans des étuves à 36 degrés, sont dans un état continuel de transpiration.

Les industries chimiques, telles que les huileries, les savonneries, les fabriques de noir animal et d'acides, les verreries, les tanneries, les papeteries, ont beaucoup perfectionné leurs appareils et diminué les chances de mortalité ou d'insalubrité qui leur étaient inhérentes. La fabrication de la céruse, si tristement renommée sous ce rapport, il y a peu d'années, ne présente presque plus que quelques cas fort rares de colique de plomb, et j'ai vu aux environs de Lille, dans les établissements de M. Lefebvre, des dispositions et des appareils nouveaux d'une telle perfection que cette industrie, jadis si meurtrière que la vie d'un homme y dépassait rarement quarante ans, deviendra bientôt complétement salubre et inoffensive. Les ouvriers

verriers, les forgerons, les fondeurs, les mécaniciens, jouissent presque tous d'une santé
robuste, malgré la rigueur des travaux auxquels ils se livrent, et qui semblent les fortifier
plus que les affaiblir, grâce aux salaires élevés
qui leur permettent de se nourrir d'une manière
substantielle.

C'est dans les petites filatures de coton, dans
la petite industrie cotonnière, telle qu'elle se
pratique encore dans quelques quartiers de
Rouen et aux environs, que la santé des ouvriers
court le plus de dangers. On en voit qui fonc-
tionnent tout à la fois comme moteurs, fileurs
et rattacheurs, et qui tournent la manivelle de
la main droite, rattachent le fil de la main gau-
che et poussent le chariot avec le genou, du
matin au soir, sans relâche, dans des ateliers
surannés, sombres, bas, malpropres et humides. Cette petite industrie lutte péniblement,
par la baisse du salaire, contre l'outillage plus
avancé des grandes manufactures, et ressemblera bientôt à une armée qui combattrait avec
des arbalètes du moyen âge contre les armes à
feu de nos jours. A Lyon, dans les ateliers de
passementerie, quelques femmes sont obligées

19.

de travailler, presque suspendues sur des courroies, en se servant tout à la fois de leurs pieds et de leurs mains ; tandis que les tisseurs des métiers à la Jacquard reçoivent sans cesse dans l'estomac le contre-coup des mouvements du balancier par l'*ensouple*, sur lequel l'étoffe s'enroule à mesure qu'elle avance.

Mais, sauf ce petit nombre d'exceptions, ce n'est pas du caractère matériel de leurs travaux que résultent pour les ouvriers des manufactures les inconvénients les plus graves. L'effet exercé sur leur santé et sur leur caractère est bien plutôt dû au système général de distribution de travail, à sa durée, au mélange des sexes et des âges, qu'à la nature même de l'*ouvrage*, comme ils disent, qui serait moins fatigant qu'on croit, s'il était autrement réparti. Je ne crains pas d'affirmer ici, quelque clameur qui puisse en advenir, que la pensée constante, énergique et résolue du nouveau système manufacturier, devra être d'exclure peu à peu les femmes et les enfants des ateliers agglomérés et de n'y laisser que des hommes. La continuité forcée du travail le plus doux finit par agir sur les enfants comme un poids insupportable, en les privant de l'exercice indispensable à leur constitution.

Dans les filatures de coton, ils ont à peine le temps de prendre leurs repas, et rarement celui d'aller à l'école ; et sans parler des mauvais exemples qu'ils reçoivent trop souvent, le moindre de leurs malheurs est d'être séparés de leurs mères et n'en recevoir presque jamais ni caresses, ni soins. Les mères elles-mêmes perdent quelque peu de ce noble apanage que Dieu leur a réservé, en vivant presque toujours hors de leur ménage, et le supplément de fortune représenté par leur salaire est loin de compenser le dommage causé par leur absence.

On ne saurait nier que l'influence des professions sur le caractère des ouvriers se fasse quelquefois sentir d'une manière assez remarquable ; mais l'observation ne permet pas d'assigner à cette influence des limites précises et d'établir à cet égard des règles générales. Souvent, dans la même industrie et dans la même fabrique, certaines classes d'ouvriers se montrent difficiles, impatients, turbulents, tandis que leurs compagnons gardent le silence. Les plus turbulents sont presque toujours les mieux rétribués. Nous avons déjà signalé ce fait curieux que, dans les troubles de Rouen, les *pareurs* de l'industrie cotonnière, bien payés, s'étaient montrés fort vifs, tandis que les fileurs, qui gagnent moins, étaient restés plus calmes. Mais, par une sorte de compensation, on a vu à Marseille les ouvriers mécaniciens fort disposés au désordre dans ces derniers temps, tandis que ceux de l'usine de Sotteville, près de Rouen, mécaniciens aussi, n'avaient pris aucune part sérieuse aux troubles de ce département.

L'agglomération, source de tant de maux, n'est pourtant pas la cause première de l'excitation et des entraînements politiques dans toutes les classes d'ouvriers. Les ouvriers dont le caractère est le plus difficile et le plus susceptible sont ceux de Lyon, qui ne sont pas agglomérés en grandes fabriques, et qui méritent peut-être le premier rang par leur intelligence et leur sagacité. La haute opinion qu'ils ont d'eux-mêmes, le malheureux triomphe qu'ils ont obtenu en 1831, le demi-savoir dont quelques-uns d'entre eux ont fait preuve dans des circonstances qui les ont mis en relief, batailles dans les rues, conspirations, procès politiques, n'ont pas peu contribué à les exalter et à leur faire croire à leur propre importance. Les clubs ont fait le reste. On jugerait mal aujourd'hui de l'influence des professions sur les caractères, parce que l'influence générale du mouvement révolutionnaire domine tous les autres ; mais on peut affirmer, par exemple, sans crainte d'erreur, que les ouvriers lyonnais ont les défauts de l'orgueil, tandis que ceux des villes du nord ont le défaut de l'intempérance. Ceux-ci dépensent volontiers leur argent au cabaret ; les ouvriers de Lyon préfèrent dépenser le leur en vêtements plus recherchés, en souscriptions patriotiques, en sacrifices plus ou moins raisonnés au succès de ce qu'ils appellent leur cause.

Les troubles qui donnent par moments le vertige à tant de braves gens, prennent leur source dans les abus dont ils ont eu à se plaindre, sans pouvoir se les bien expliquer. L'extrême sévérité des règlements manufacturiers, l'abus des amendes pour de légères infractions, l'excitation produite par tant de péripéties imprévues et saisissantes, les souffrances qui en ont été la suite, les prédications perfides qui les ont aigries, tout a contribué à aggraver le malaise

moral des classes ouvrières, et cette grand
pression a mis dans l'ombre les causes spéciales
qui agissent davantage dans les temps ordinaires. Il n'est plus permis d'espérer aujourd'hui
qu'on naviguera de sitôt dans des mers calmes, avec bonne brise, sous de tièdes latitudes.
Toutes les relations sociales, même celles qui se
modifient le moins au bruit des révolutions, auront quelque peu à compter avec le vent qui
souffle, et il faudra mettre la main à l'œuvre
pour rendre l'édifice habitable à des hôtes devenus plus exigeants.

*Quatrième question.* « Quelles sont les causes économiques auxquelles on doit attribuer le
malaise de ces populations, et si ces causes sont
différentes pour les populations manufacturières et pour les populations agricoles. »

*Réponse.* L'exposé que j'ai eu l'honneur de
soumettre à l'Académie de la situation des divers
centres manufacturiers contient les éléments
essentiels de la réponse à cette question. Le
malaise des populations ouvrières non agglomérées est un fléau d'origine récente, et d'une
intensité heureusement circonscrite. Ce malaise
n'a acquis des proportions inquiétantes qu'à la

suite du développement rapide de certaines fabrications, et particulièrement des manufactures de coton, de fil et de laine. Supprimez par la pensée ces trois catégories spéciales, et le paupérisme cesse d'avoir ce caractère de permanence et de détresse qui distingue les industries mécaniques. Les principales causes qui en troublent si profondément l'économie sont : la nécessité de produire sur une grande échelle, l'excès de la protection qui n'assure que le marché national, et l'abaissement continuel du prix des salaires, en présence du renchérissement lent mais régulier du prix des subsistances. Toutes ces complications datent d'un quart de siècle à peine, et n'étaient guère connues avant la création des grandes manufactures. La pauvreté était plus générale et plus éparpillée ; elle n'éclatait pas tout d'un coup, comme de nos jours, par des chômages soudains et imprévus, ou par des grèves menaçantes. Les ouvriers n'étaient pas constitués en corps d'armée au sein des villes, et leur subsistance n'y était pas à la merci de toutes les chances qui pèsent aujourd'hui sur le travail.

Les industriels les plus éclairés du pays ont

fini par ouvrir eux-mêmes les yeux sur les véritables causes économiques des crises dans le monde manufacturier. Les rédacteurs de l'*enquête industrielle sur les départements de l'Est*, récemment publiée à Mulhouse, les attribuent (1), *en première ligne, à l'excès de concurrence intérieure;* mais ils ne disent pas que cet excès de concurrence est l'œuvre du régime prohibitif; ils ajoutent que l'exportation a diminué, par suite des droits excessifs dont les étrangers ont frappé nos produits : mais qui ne sait que ces droits n'ont été établis qu'en représailles des prohibitions dont nous avons frappé les leurs ! On pourrait signaler encore, pour l'industrie cotonnière, la concentration abusive du commerce des cotons dans la ville du Havre, où trop souvent la spéculation en élève les prix au delà des justes bénéfices du commerce. D'autres produits en soie, laine ou lin, viennent faire concurrence à ces produits déjà si dépréciés, et il est impossible que l'équilibre s'établisse entre la production et la consommation, autrement que par la disparition successive des usines pla-

---

(1) **Page 49 de l'enquête.**

cées dans de mauvaises conditions, ou par l'ouverture de débouchés nouveaux sous l'empire de la liberté du commerce.

La filature et le tissage du lin ont subi en peu d'années assez de révolutions pour mettre au jour cette nécessité irrésistible. Cette industrie se plaignait de sa situation à l'époque de ses débuts, parce qu'elle n'était pas assez protégée, et dès qu'elle a obtenu des droits suffisamment protecteurs, au dire des entrepreneurs eux-mêmes, elle a commencé à décliner et à dépérir. D'immenses capitaux, attirés par l'appât trompeur des tarifs, y ont été enfouis, après avoir détruit la filature et le tissage domestiques et concentré sur quelques points, en l'augmentant d'une manière déplorable, la misère qui était éparse et tolérable, auparavant, dans les ateliers de la campagne. Que dire aussi de l'industrie des draps, si ancienne et si renommée, dont les progrès remarquables n'ont apporté qu'une amélioration passagère au sort des ouvriers? Les troubles d'Elbeuf et le long chômage dont cette ville a souffert en 1848, et dont elle souffre encore, témoignent assez que, là aussi,

la prohibition a produit ses fruits accoutumés (1).

Parmi les causes économiques du malaise des
classes ouvrières, on a signalé, en première ligne, la longueur excessive des journées de travail, qui n'étaient jamais moindres de douze
heures, et qui, souvent, dépassaient quatorze
heures dans plus d'une fabrique, surtout dans
les filatures de coton. Le décret du gouvernement provisoire, en fixant la journée à onze
heures, a produit une perturbation profonde
dans tous les ateliers. Il aurait fallu que cette
réduction fût générale et sérieusement obliga-

---

(1) Je ne puis m'empêcher de citer ici un passage remarquable de l'*Enquête industrielle des départements
de l'est*, publiée à Mulhouse en 1848, par l'association
dite de *la défense du travail national.*

« En résumé, dit-elle, pour la plupart des industries ,
le mal ne date pas seulement de l'avénement de la répu-
blique. A en juger par les embarras et le malaise industriels qui , plus d'une fois, se sont révélés dans son sein,
on voit que le germe de la décadence y existe depuis longtemps. Il existe depuis que la production s'est développée
hors de proportion avec les ressources du consommateur
français, et que, d'autre part, *les marchés étrangers,
qui donnaient un grand débouché à ces produits, nous
sont en partie fermés.* »

toire, pour être efficace; mais elle éclata sur l'industrie comme une menace plutôt que comme un soulagement. Le chômage, déjà aggravé par la cessation des demandes sur tous les marchés, en éprouva une complication nouvelle, et l'inégalité des conditions s'accrut d'une manière qui faillit amener des collisions violentes entre les ouvriers eux-mêmes. Si quelque jour, comme nous le pensons, l'intervention de la loi est reconnue indispensable dans ces matières délicates, il faudra qu'elle soit franche et qu'elle avoue hautement son but : l'amélioration du sort de l'ouvrier. Le législateur aura le droit de dire au manufacturier : « Je vous ai investi d'un privilége exorbitant, celui de vendre seul à vos concitoyens des tissus de coton. J'ai voulu vous assurer ainsi le marché national, mais à condition que la communauté ne serait pas tenue de donner assistance à vos ouvriers, après vous avoir payé, pour vos cotonnades, un prix de monopole. »

Cette grande question de la durée du travail, c'est toute l'économie politique du système manufacturier. Si l'on pouvait concevoir une combinaison qui permît de concilier les intérêts de

la production avec ceux du producteur, c'est-à-
dire un salaire raisonnable avec un prix de vente
suffisant pour le maintien de l'entreprise et la
régularité du débouché, le problème serait résolu. On éviterait du même coup l'encombrement et la baisse des marchandises, préludes
certains de la réduction des salaires ou de la nécessité du chômage; on rendrait à l'ouvrier une
partie de son temps, aux enfants la liberté, aux
femmes la direction du ménage. On rétablirait
l'équilibre, aujourd'hui presque impossible,
entre l'offre et la demande, et presque toutes
les causes de misère disparaîtraient par enchan-
tement. Il ne resterait plus que celles qui viennent du désordre personnel et des passions
humaines, et celles-là, qui sait si l'oisiveté momentanée des ouvriers ne l'aggraverait pas de
tout le temps conquis sur les travaux de l'atelier?
Quoi qu'il en soit, cette grande réforme aurait
de nombreuses exceptions à subir dans la pratique, et il y a une foule d'industries auxquelles
elle ne saurait être applicable, sous peine de les
rendre impossibles.

Les populations agricoles ont aussi leurs chômages, provenant de l'intempérie des saisons,

mais réguliers et périodiques, et d'une nature bien moins meurtrière que ceux de l'industrie. Le paysan est généralement établi dans sa propre maison, et il est bien rare qu'il n'ait pas quelque travail particulier à faire chez lui quand il n'est pas occupé au dehors. Cependant, la tendance prononcée des ouvriers de la campagne est toujours de se fixer à la ville, ou de préférer le travail des fabriques, parce que le salaire en est plus élevé. Ils oublient trop que les dépenses sont plus considérables à la ville qu'à la campagne, les tentations plus décevantes, les loyers plus chers, les chômages plus soudains et plus imprévus, et la santé plus menacée. Le paysan se trouve dans une condition meilleure que la plupart des ouvriers sous le rapport de l'habitation, de la nourriture et du vêtement; il est plus économe, il vit bien plus dans sa famille, et il est aussi pressé de rentrer au logis que l'ouvrier des manufactures se hâte d'en sortir. Dans une foule de localités, les paysans ont droit au partage des coupes de forêts appartenant à la commune, à l'usage des pâturages communaux, et il y en a toujours un grand nombre, parmi ceux qui ne sont pas pro-

20.

priétaires, qui exploitent, à titre de location, quelque portion de terre dont ils retirent en nature des profits souvent considérables.

Mais le travail agricole exige des hommes robustes, et ne permet guère d'employer cette foule d'individus chétifs et étiolés qui trouvent un emploi utile dans les manufactures, sans être obligés d'y apporter une grande force physique. L'industrie reçoit ainsi très-souvent de la campagne un grand nombre de sujets peu valides, dont on attribue à tort la faiblesse à l'influence des travaux manufacturiers. A la longue, sans doute, ces ouvriers débiles finissent par multiplier dans les villes une population à leur image, et qui dégénère en s'entassant dans les logements meurtriers que nous avons décrits ; mais il ne serait pas juste de rendre l'industrie exclusivement responsable de cet appauvrissement de la race humaine, souvent dû à des causes locales, telles que des marais, ou à une alimentation insalubre, composée de blé noir, de millet, de maïs, de seigle, de poisson salé, etc. Le plus sûr moyen d'arrêter l'émigration des campagnes dans les villes, et de préparer un asile aux ouvriers des villes qui seront infailliblement déclassés avant peu d'années, c'est de diriger tous les efforts de l'État vers le perfectionnement agricole, de combiner les travaux des manufactures avec ceux des champs, et d'*éconduire* peu à peu l'industrie des grandes villes pour l'établir à la campagne. A partir de ce jour, tout projet d'usine nouvelle devrait être interdit au sein des cités peuplées de plus de vingt mille âmes, et dans un rayon déterminé. La loi considérerait les agglomérations artificielles d'hommes comme insalubres ou incommodes, et, certaine désormais qu'elle est des excès que les manufactures traînent à leur suite, elle imposerait aux industriels qui voudraient s'établir des conditions capables d'en prévenir le retour.

*Cinquième question.* « Quelles sont les industries les plus exposées aux chômages et quelles sont les causes habituelles de ces chômages? »

*Réponse.* L'expérience est faite aujourd'hui dans toute l'Europe, et la réponse pourrait être rédigée en deux lignes : les industries les plus exposées aux chômages sont celles où l'ouvrier gagne le moins, quand elles ne chôment pas. Il faut excepter toutefois les industries de luxe, qui sont exercées par des artistes plutôt que par des ouvriers. La demande de travail s'est arrêtée surtout dans les manufactures de coton, puis dans celles de fil et dans les fabriques de lainages. Ces manufactures, condamnées à une production continuelle et ne pouvant s'arrêter sans se ruiner, ont subi la loi fatale de leur existence. Elles ont essayé de tous les palliatifs : secours de l'État ou des départements, primes à la sortie, réduction du nombre des heures, réduction de celui des jours, réduction du travail sous toutes les formes ; rien n'y a fait, et elles ne semblent reprendre vie depuis quelque temps que parce qu'elles ont à combler le vide du chômage produit par la révolution de février. Cette révolution même n'est qu'une crise accidentelle un peu plus forte que celles qui désolent périodiquement l'industrie cotonnière en Europe depuis vingt-cinq ans. D'où viennent ces crises ? De l'excès de production. D'où vient l'excès de production ? De l'excès de protection. Que dirait-on d'un chapelier qui serait forcé de fabriquer indéfiniment des chapeaux, sans savoir à qui les vendre, ou s'il les vendra tous?

Sans doute, les chances ordinaires du commerce et de la politique atteignent aussi les autres branches du travail, et l'on a vu quelle avait été l'influence de la crise des subsistances, en 1847, sur toutes les professions. L'effet s'en est fait ressentir également aux plus libérales et aux plus usuelles. Mais les grands chômages périodiques modernes, qui frappent de paralysie soudaine des fabriques tout entières et qui mettent des armées de travailleurs en réforme provisoire, sont l'œuvre du système manufacturier et ne disparaîtront qu'avec lui, sous l'empire d'une législation nouvelle. C'est par là qu'il est utile de modifier ce qu'on appelle parmi nous l'organisation du travail. Le chômage ne peut être attribué sérieusement à la concurrence des maisons de détention, car, outre la question d'humanité, ce n'est pas par l'abondance ni par la perfection que leurs produits brillent, mais par le bas prix auquel elles les vendent. Il suffirait d'un simple règlement portant que nulle maison centrale ne pourra vendre les articles fabriqués dans ses murs au-dessous des prix courants de l'industrie privée. Ces articles ne causeraient même aucune concurrence dangereuse, s'ils étaient consacrés, comme ils devraient l'être, à la consommation des établissements de l'État.

Ainsi, ce n'est pas le régime de la liberté qui cause le chômage des industries, mais bien plutôt celui de la restriction. L'exception à cette règle n'existe que pour les fabrications dont le débouché, sans être absolument fermé par les représailles des douanes, demeure subordonné à la prospérité du pays consommateur, telle, par exemple, que la production lyonnaise au marché américain. Pour toutes les autres, les chômages sont toujours limités, et le travail n'est suspendu d'une manière désastreuse que dans les grands cataclysmes comme celui que nous venons de traverser. Le fait caractéristique des chômages, c'est leur soudaineté et la sphère d'action étendue qu'ils embrassent dans leurs ravages. Ces chômages n'existaient pas avant le développement excessif des industries protégées, et le midi de la France, où ces industries sont en petit nombre, en a été presque entièrement excepté. Quelquefois ils sont l'œuvre d'une coalition menaçante ou la suite de ces grèves opiniâtres qui ont pour but d'arracher aux chefs de fabriques des augmentations de salaires : symptômes variés du même mal, encombrement avec baisse de prix , et lutte du capital et du travail cherchant à partager l'impôt du malheur.

Qui posera un terme à cette lutte ? Une transaction sous les auspices de la liberté. Dans les jours douloureux qui viennent de s'écouler, l'esprit de secte , devenu arbitre souverain des affaires de l'industrie , a cru pouvoir résoudre la question en mettant le capital à la discrétion du travail, par toutes sortes de mesures dont celui-ci a bientôt recueilli les fruits amers. Les ateliers nationaux ont servi de place forte autant aux ouvriers qui ne trouvaient pas de travail qu'à ceux qui ne voulaient pas travailler. On a réduit le nombre des heures de la journée payée ; on a essayé d'autres combinaisons économiques, mais on n'a pas résolu la véritable question , celle qui consiste à savoir quelle quantité de travail restera disponible en France tant qu'on n'aura pas raffermi les bases de l'ordre sur lesquelles toute espèce de travail repose. Avant de savoir comment le travail sera rémunéré, il faut savoir combien il y en aura ; et il diminue presque toujours pendant ces vives querelles dont le but est d'en régler la distribution et les profits.

Mais la question des chômages dépend étroitement aussi des conditions générales du système économique du pays dans ses rapports avec l'étranger. Les droits établis parmi nous sur les matières premières les plus indispensables, telles que la houille, le fer et le coton, exercent autant d'influence sur les chômages que le prix du travail même et l'intérêt des capitaux. Ils élèvent artificiellement les prix de vente, et ils ne permettent pas aux producteurs de supporter la concurrence sur les marchés extérieurs. Ils limitent donc l'étendue du travail et ils en restreignent proportionnellement les profits. La lutte ne sera définitivement réglée que par une liberté entière d'efforts qui permette à la production de s'assurer *tous les marchés possibles*, tant que sa condition sera d'être illimitée, sous peine de mort ou de crises perpétuelles. Tout essai de solution partielle du problème en dehors du but suprême de tous les travaux humains, qui est la satisfaction des besoins légitimes, n'aboutira qu'à des expédients insuffisants et temporaires. Tant que l'ouvrier sera obligé d'accepter un salaire borné par le capital disponible de la société, sans pouvoir acheter à l'aide de ce salaire, au plus bas prix possible, soit au dedans, *soit au dehors*, ce qui lui est nécessaire pour sa consommation personnelle, il n'y aura pas de liberté pour lui, et nulle compensation aux chômages qui atteignent périodiquement sa modeste part du travail général.

*Sixième question.* « Si l'association entre ouvriers est un moyen d'améliorer leur sort, et s'il existe des exemples qu'on pourrait utilement imiter. »

J'ai à peine parlé de l'association dans l'exposé qui vient d'être soumis à l'Académie, parce que je n'ai trouvé nulle part, en France, d'associations entre ouvriers, établies sur des bases capables de produire, même en espérance, une partie des merveilleux effets qu'en attendent sans doute les hommes qui les ont préconisées. Quelles que soient les illusions dont on ait bercé,

21

depuis un an surtout, les classes ouvrières, à la
suite des prédications du Luxembourg, la nature éternelle des choses n'a pas changé et ne
changera point. Toutes les associations imagi-
nables ne sauraient élever pour longtemps, dans
aucun pays, le niveau habituel de la demande
du travail. L'idée qu'on a inculquée aux ouvriers, en cherchant à les associer, a été de les
soustraire à ce qu'on appelle la tyrannie du capital ; on les a invités à le former eux-mêmes
pour s'en partager les profits, en sus de leur
salaire. Mais les associations ne seront pas
moins exposées que les chefs d'entreprise aux
chances du commerce, et elles seront moins en
état d'y résister. Elles se dissoudront au moindre sinistre, si tant est que leur existence puisse
survivre aux guerres intestines, aux malentendus, aux susceptibilités inévitables dans des
réunions d'hommes peu éclairés, pauvres et
naturellement ombrageux.

Les associations ne se feront pas moins la
guerre entre elles que de simples particuliers,
et, si elles combinaient leurs efforts pour arriver au monopole, elles arrêteraient la consommation et, par suite, le travail, en élevant les

prix. Elles ont donc toutes les mauvaises chances des entrepreneurs à courir, et pas toutes les bonnes. La part de bénéfice afférente à chacun des associés n'aura jamais l'importance du profit unique d'un chef d'usine, et ne se résoudra jamais, comme ce profit, en accroissement de capital, c'est-à-dire de richesse. La discipline régnera difficilement dans ces petites républiques turbulentes, ou, si elle y règne, elle ressemblera beaucoup au despotisme rude et intolérant que les petits chefs exercent si volontiers sur leurs subordonnés. Enfin, qui peut nier l'infériorité des gouvernements collectifs en matière d'industrie, toutes les fois qu'il ne s'agit pas de ces associations puissantes, où la direction est obligée de subir la loi de la division du travail, comme les ouvriers eux-mêmes?

A ne considérer la question de l'association entre ouvriers que de ce point de vue général, il est facile de prévoir qu'elle ne saurait offrir aucune garantie d'amélioration réelle pour leur sort. On n'aurait fait que substituer l'émulation molle et indécise d'une réunion composée d'éléments hétérogènes, à la responsabilité sérieuse d'un chef intéressé. L'intelligence indispensable

pour mener à bonne fin des entreprises difficiles n'est pas déjà chose si commune, qu'on
puisse espérer de la rencontrer facilement dans
les associations, quand on la trouve si rarement chez les hommes d'élite qui en sont sortis. On peut bien sans doute réunir des capitaux
et des ouvriers ; mais encore faut-il les mettre
en œuvre, et le génie particulier ne se décrétera
jamais par ordre d'un 'gouvernement. Les associations entre ouvriers n'avaient pas attendu
le trépied des oracles du socialisme pour faire
leur entrée dans le monde ; la France en était
couverte avant qu'elles fussent inventées, et
nous allons dire en peu de mots quel était leur
véritable caractère, si différent de celui qu'on
prétend leur donner aujourd'hui.

Ces associations n'étaient que des sociétés de
secours mutuels, des confréries de souscripteurs
volontaires, ayant une caisse commune et des
statuts presque tous rédigés sur le même mo-
dèle et sanctionnés par l'autorité. Les associés
s'engageaient à payer une certaine somme, à
remplir certaines obligations, comme de se visiter les uns les autres, d'assister aux enterre-
ments, de veiller sur les veuves et les orphelins

des membres de l'association. Souvent les pres-
criptions en sont sévères, et on y trouve plus
d'une fois l'institution de tribunaux d'honneur,
pour juger et punir de l'exclusion les atteintes
portées à la délicatesse, l'ivresse habituelle ou
tout autre manquement grave à la dignité du
travailleur. Il n'y a pas une grande ville de
France qui ne compte un nombre considérable
d'associations de ce genre. A Lyon, chaque corporation d'ouvriers, ou, peu s'en faut, est cons-
tituée en société de secours mutuels. Marseille,
Lille, Rouen, en comptent un grand nombre,
et j'en ai trouvé plus de quarante en plein exercice dans la seule ville de Bordeaux. Plusieurs
de ces sociétés possèdent des capitaux impor-
tants, et elles sont administrées par des officiers
élus au scrutin avec une ponctualité exemplaire.

Outre ces associations fraternelles de bienfaisance mutuelle, il existe en France beaucoup
d'autres combinaisons financières, à l'aide des-
quelles il est pourvu aux besoins des ouvriers
pendant leurs maladies, et au sort de leurs enfants en cas de mort. Je me bornerai à citer le

**21.**

règlement de la société anonyme des fonderies de Romilly, dans le département de l'Eure, dont les ouvriers ont reçu pour eux-mêmes ou pour leurs familles, au nombre de 198, plus de 50,000 fr. de secours ; la compagnie des mines de la Loire, qui a dépensé plus de 100,000 fr. en écoles, en pharmacies, en fondations de toute espèce au profit de ses ouvriers ; et l'ingénieuse organisation de la société de Saint-Jacques, à Lormont, près de Bordeaux, qui permet aux constructeurs de ces beaux ateliers d'entretenir des invalides et de pensionner des veuves de charpentiers et de marins. Toutes ces associations vivaient d'une vie régulière et calme avant les événements de l'année dernière ; elles se contentaient d'être utiles et elles n'avaient pas encore rêvé l'empire du monde, lorsque la croisade partie du Luxembourg a entrepris de les détourner de leur but en les dénaturant.

L'association entre ouvriers, telle qu'on la prêche aujourd'hui, n'est plus qu'un instrument de guerre dont les propagateurs ne dissimulent point la destination offensive. Il ne s'agit plus d'aider les ouvriers à la conquête du capital, mais de remplacer les chefs sortis de leur sein par une concurrence collective et hostile. Personne n'ignore que ces associations bruyantes ne renferment aucun élément nouveau de richesse; mais il est bon qu'elles se produisent en toute liberté, et que l'on puisse constater par une grande expérience l'avenir mystérieux qu'elles annoncent au monde. On assure que le nombre approche de trois cents, et la législature a voulu sans doute en encourager les essais en leur accordant une allocation de 3 millions. Ces essais, nous le croyons, demeureront de plus en plus circonscrits dans d'étroites limites. On n'y pourra jamais admettre les ouvriers de la campagne, et, parmi ceux des villes, un petit nombre seulement se trouveront dans des conditions qui leur permettent de réunir leurs efforts en commun. Toutes les créations hâtives, nées du souffle des partis, n'ont ordinairement qu'une existence éphémère comme eux. C'est le malheur de notre temps que leur intervention ait pénétré dans des questions que le bon sens public avait toujours réservées; mais il faut que l'expérience se fasse, et nous l'attendrons.

*Septième et dernière question*. Quels progrès sont survenus depuis vingt-cinq ans dans la condition des ouvriers, et quelles ont été les causes de ces progrès ? »

*Réponse*. Ces progrès sont immenses, et pour les apprécier avec exactitude, il suffit de comparer la France d'aujourd'hui à celle des derniers temps de la restauration. Il faut aussi, pour être juste, excepter de cette comparaison certaines catégories d'ouvriers dont la condition a beaucoup empiré depuis la même époque. Tels sont ceux de l'industrie cotonnière, particulièrement les tisserands à la main, toute la grande famille normande et bretonne de l'industrie des toiles, les ouvrières en dentelle et la majeure partie des ouvriers lyonnais. Nous avons exposé, en leur lieu, les causes de cette décadence, et décrit les tristes habitations qui en sont le théâtre. Mais, tout en reconnaissant la vérité de cette détresse indicible, il faut signaler aussi le spectacle consolant des améliorations qui sont survenues partout ailleurs.

Ces améliorations consistent principalement dans le développement de l'instruction primaire qui a préparé l'ouvrier à de plus hautes destinées, et dans l'accroissement général du taux des salaires dans les industries non agglomérées. L'ouvrier français est aujourd'hui mieux logé, mieux vêtu, mieux nourri qu'il y a vingt-cinq ans. Il prend part à une foule de perfectionnements sociaux qui contribuent à son bien-être, et il reçoit dans le malheur plus d'assistance que par le passé. Outre le capital dont elle est propriétaire dans les caisses d'épargne, et la masse énorme de secours qu'elle s'est assurée à elle-même par les sociétés dont nous avons parlé, la population ouvrière dispose dans ses jours d'infortune d'une masse de ressources dont l'injustice de nos contemporains ne sait aucun gré à ceux qui les ont préparées. En moins de quarante-cinq ans les dons offerts par la générosité privée se sont élevés à 122 millions de francs. Dans la seule ville de Paris, plus de cent vingt sociétés de bienfaisance ont organisé diverses œuvres, dont le budget représente des sommes considérables. Crèches, salles d'asile, écoles gratuites, colonies agricoles, ouvroirs, maisons de refuge, maisons de retraite, ont été ouverts de toutes parts, et ce n'est point exagérer que d'estimer à près de 500 millions

ce vaste appareil de moyens que la France a
déployés pour combattre la misère ou pour la
prévenir.

En même temps que la société française, aujourd'hui si calomniée, organisait ce glorieux
ensemble de travaux pour conjurer le fléau du
paupérisme, le perfectionnement des produits
de l'industrie et la baisse des prix mettaient à
la disposition des ouvriers une foule d'objets
qui contribuent à leur bien-être. Il suffit d'observer la composition de leur mobilier, la propreté de leurs vêtements, la qualité de leur
nourriture, la variété quelquefois très-coûteuse
de leurs plaisirs, pour apprécier les changements favorables survenus dans leur situation.
L'esprit de dénigrement et de sédition qui a
soufflé sur notre pays se plaît à ne voir en eux
que des infortunés, tels que ceux dont nous
avons fidèlement et loyalement décrit la détresse à Rouen et à Lille; mais ces lamen-
tables prolétaires de la prohibition ne for-
ment qu'une exception très-limitée dans la
grande famille ouvrière, et il serait aussi injuste
de juger de tous les autres par ceux-là, que de
juger de la température du globe par les seules

régions du pôle, ou par la zone brûlante de l'équateur.

La classe ouvrière de France est aujourd'hui la plus aisée de l'Europe. Il n'y en a pas une qui jouisse à un plus haut degré des droits qui n'ont jamais appartenu dans les pays civilisés qu'à la portion éclairée du peuple. Ses enfants peuvent s'élever au premier rang de l'État sans plus d'efforts que ceux des familles les plus riches, et tout le monde les voit parvenir aux postes les plus éminents, sans surprise et avec sympathie. C'est une grande erreur même de supposer que l'accès des hautes situations leur soit plus difficile qu'aux enfants des familles nées dans des conditions de fortune plus favorables en apparence. Combien de privations et de douleurs n'éprouve-t-on pas aussi dans ces régions enviées du travail intellectuel, souvent plus pénible et plus ingrat que le travail des mains ! Que de pleurs on y répand et que de martyrs y meurent sans secours après avoir vécu sans reproche !

A moins de nier l'évidence, il est donc impossible de ne pas reconnaître les progrès remarquables qu'ont faits en bien-être les classes

ouvrières de notre pays. Mais leur perfectionnement moral est loin d'avoir suivi la marche
ascendante de leur fortune matérielle, et c'est
de ce contraste fâcheux que viennent aujour-
d'hui tous leurs maux. Un sentiment profond
d'orgueil s'est emparé d'elles et les domine à
leur insu. Elles ont assez d'instruction pour apprécier le côté faible des institutions humaines,
et elles n'en ont pas assez pour les réformer
d'une manière sérieuse et durable. Le préjugé
funeste de la souveraineté absolue de la force
les aveugle au point de leur faire croire qu'on
peut tout oser, tout tenter, tout refaire par la
seule supériorité du nombre. La résistance des
faits et des lois éternelles les irrite et les exas-
père, et elles traitent volontiers en ennemis les
hommes éclairés qui représentent l'opposition
froide et sévère de la raison.

Quand on analyse une à une toutes les catégories de travailleurs, soit dans les villes, soit
dans les campagnes, ouvriers maçons, charpentiers, serruriers, peintres, libres ou attachés
aux fabriques, ouvriers des constructions civiles et navales, ouvriers-artistes comme ceux
de Paris et de Lyon, imprimeurs, tailleurs,

cordonniers, on s'aperçoit que la seule garantie qui manque à leur sort, si différent aujour-
d'hui de ce qu'il était jadis, c'est la permanence
du travail et la sécurité de l'avenir. Voilà ce que
jusqu'à nos jours la société n'a pu encore assurer à personne, si ce n'est aux employés de l'É-
tat, et encore sous la réserve du bon plaisir des
révolutions. Une prévoyance extrême, et même
un peu factice, a succédé tout à coup aux vieilles habitudes d'insouciance des ouvriers. On
leur a persuadé qu'ils avaient le droit de demander à l'État, et que l'État avait le devoir
et la possibilité de leur garantir du travail
toute leur vie et du repos dans leurs vieux
jours. On voulait leur faire abdiquer leur indépendance laborieuse, en échange de je ne sais
quelle servitude dorée dont il faudrait toujours
que les frais fussent supportés par eux-mêmes, directement ou indirectement.

Telle est la maladie qui règne et qui com-
plique si cruellement aujourd'hui toutes les autres infirmités des populations ouvrières. Elles
croient sincèrement que leur félicité peut être
décrétée par des mesures politiques, et qu'elles

22

peuvent se voter à elles-mêmes, sous forme de
subventions, de primes, de spoliations dégui-
sées, des moyens d'existence, des retraites qui
ne peuvent venir que du travail individuel, infatigable, incessant, acharné. Elles ne comprennent point que le travail ne se décrète pas
plus que la consommation, et qu'il ne suffit
pas d'en déclarer le droit, c'est-à-dire sans
doute l'*infinité*, pour que jamais personne n'en
manque. Ce n'est pas en vertu d'un décret de
départ qu'on arrive, mais à force de marcher.
La grande erreur de ce temps, c'est de croire
que le gouvernement, quel qu'il soit, peut tout,
et de le rendre responsable du sort de chacun,
comme s'il pouvait donner plus qu'il ne reçoit,
et faire plus pour tous les citoyens réunis que
chaque citoyen pour lui-même! Ce préjugé déplorable est, au moment où nous parlons, le
ver rongeur des populations ouvrières, le vrai
fléau de notre pays.

Au moindre vent qui souffle, à la moindre
brise industrielle, on semble dire : Il faut changer le gouvernement et faire une révolution.
La révolution s'accomplit, et les crises repren-
nent leur cours, aggravées par la révolution

même destinée à y mettre un terme. Aussitôt une révolution nouvelle ranime les espérances, bientôt déçues, d'un meilleur avenir. Une troisième succède, plus riche d'espérances, plus féconde en déceptions, sans fatiguer la verve des entrepreneurs de félicité publique. Quand donc la France trouvera-t-elle un moment de repos pour reconnaître que les sources du travail et de la richesse ne jailliront jamais d'un sol bouleversé par des révolutions perpétuelles ! Les ouvriers n'assureront pas plus le repos de leurs vieux jours que celui de leur pays dans ces voyages aventureux au travers des utopies les plus folles. Les conditions du travail ne se règlent par la force des armes que dans les pays d'esclaves, et non dans les pays de liberté. Dans aucune contrée du monde, et dans aucun temps, il ne sera donné à l'homme d'arriver au repos qu'en vertu de la loi du Créateur, à la sueur de son front; et les peuples les plus libres ne sont jamais que les plus laborieux. Voyez l'Angleterre et les États-Unis, où, malgré l'imperfection inhérente aux institutions humaines, la civilisation s'élève chaque jour à une si grande hauteur. Ce n'est pas par des troubles continuels et par des sommations menaçantes qu'on poursuit la solution des problèmes sociaux, mais par la patience, par l'étude et par la discussion.

Le jour où les populations ouvrières de France, éclairées par la rude expérience qu'elles viennent de faire, et par les enseignements mémorables qui en ont été la conséquence, reprendront le cours régulier de leurs travaux, ce jour sera le commencement d'une ère nouvelle, et préparera la solution pacifique des questions qui les ont tant agitées. La permanence du travail ne peut être que le produit du temps, du perfectionnement des lois économiques, et surtout de la tranquillité publique. Il faut que les travailleurs le comprennent, mais il faut aussi que les hommes d'État ne s'endorment point dans une fausse sécurité. La fréquence même des agitations que nous avons déplorées signale l'existence d'un mal réel qui, pour être circonscrit dans l'enceinte de quelques grandes villes, n'en exerce pas moins une influence décisive sur la communauté tout entière. Les misères de Rouen et de Lille, les chômages de Paris et de Lyon ne sont plus des accidents isolés, mais des questions grosses de tempêtes. Tant que ces questions ne seront pas résolues, le sol sur lequel la société est assise ne sera pas assez raffermi pour la rassurer contre de nouvelles révolutions. Dans des matières d'une telle importance, on peut dire que rien n'est fait, tant qu'il reste quelque chose à faire.

Qu'y a-t-il donc à faire ? Nous avons essayé de l'indiquer dans le cours de cet exposé rapide et sincère de la situation des classes ouvrières. En première ligne, une législation spéciale sur les logements, dont l'horrible insalubrité est la cause première de cette mortalité sans terme et de cette immoralité sans nom qui décime et abrutit les populations de quelques-unes de nos grandes villes. Le remède est reconnu possible ; on l'a trouvé à Lille, on l'appliquera, nous l'espérons. En seconde ligne, il faut s'emparer des enfants et ne les point quitter avant qu'ils aient échappé au travail criminel et prématuré de l'atelier, qui les démoralise et les tue. Tout est là. Si l'État n'y veille avec sévérité, le mal social sera incurable ; il se perpétuera de génération

en génération, et la société n'aura rien à répondre à ceux qui, n'ayant pas reçu d'elle *ce
qu'elle pouvait leur donner*, la troubleront sans
cesse par ignorance, ou par vengeance, ou par
désespoir. En troisième ligne, il faudra rendre
plus efficace et plus moralisateur l'enseignement des écoles. Au sortir des écoles, les adultes
de la classe ouvrière prennent trop souvent
leurs degrés dans les cabarets ou dans les réunions de parti, qui leur pervertissent l'esprit et
le cœur. Cette lacune doit être comblée, sous
peine de rendre stériles tous les soins prodi-
gués aux enfants durant le premier âge.

Telles sont les réformes les plus urgentes.
L'esprit d'association, dans ce qu'il a de praticable, la réforme des tarifs, dans une juste
mesure, compléteraient cet ensemble d'améliorations, qui produiraient les plus heureux résultats, si la paix rentrait avec elle au sein des
ateliers. Qui la rendra aux esprits, cette paix
aujourd'hui si nécessaire, et que tant de gens
s'efforcent de troubler ? L'expérience du malheur et l'étude impartiale des faits. Tous les
hommes de cœur seraient bientôt d'accord sur

ces graves questions, si ce qui appartint de tout temps au domaine de la science n'était pas tombé, par une révolution, aux mains des hommes de parti.

FIN.

Dépôt légal. 4° trimestre 1971

www.ingramcontent.com/pod-product-compliance
Lightning Source LLC
Chambersburg PA
CBHW071631200326
41519CB00012BA/2243